Enno Bünz/Tom Graber

Die Gründungsdokumente der
Universität Leipzig (1409)

THELEM

Enno Bünz/Tom Graber

# Die
# Gründungsdokumente
## der Universität Leipzig (1409)

Edition – Übersetzung – Kommentar

THELEM

**Spurensuche.** Geschichte und Kultur Sachsens

Band 3

Im Auftrag des Instituts für Sächsische Geschichte und Volkskunde e. V.
herausgegeben von
Enno Bünz, Winfried Müller, Martina Schattkowsky und Manfred Seifert

Herausgegeben mit freundlicher Unterstützung der
Vereinigung von Förderern und Freunden der Universität Leipzig e. V.

Bibliografische Information der Deutschen Nationalbibliothek
Die Deutsche Nationalbibliothek verzeichnet diese
Publikation in der Deutschen Nationalbibliografie; detaillierte
bibliografische Daten sind im Internet über
<http://dnb.ddb.de> abrufbar.

Bibliographic information published by Die Deutsche
Nationalbibliothek
Die Deutsche Nationalbibliothek lists this publication in the
Deutsche Nationalbibliografie; detailed bibliographic data is
available in the internet at <http://dnb.ddb.de>

ISBN 978-3-939888-81-9

# Inhaltsverzeichnis

# Geleitwort von Professor Dr. iur. Franz Häuser, Rektor der Universität Leipzig

Die älteste Phase der europäischen Universitätsgeschichte reicht bis in das 12. Jahrhundert zurück und beginnt in einem langgestreckten Prozeß mit der Entstehung der Universitäten Paris, Bologna und Oxford. Mangels datierbarer Gründungsprivilegien streiten sich diese »universitates ex consuetudine« um den Rang der ältesten Universität Europas. Ihnen steht eine weitaus größere Zahl von Universitäten gegenüber, die seit dem 13. Jahrhundert durch einen bestimmten formalen Rechtsakt gegründet wurden. Als Repräsentanten der mittelalterlichen Universalgewalten privilegierten zumeist Päpste, seltener Kaiser diese Universitäten, welche Landesherren oder Städte gegründet und ausgestattet hatten. Auch Leipzig gehört zu diesen »universitates ex privilegio«, zeichnet sich aber durch seine turbulente Gründungsgeschichte in besonderer Weise aus, die mit der Krise der Prager Karls-Universität zusammenhängt. Mit der Gründung der Prager Alma mater 1348 hatte sich die Idee der Universität in Mitteleuropa schnell etabliert, wie an den Neugründungen in Wien (1365), Erfurt (1379), Heidelberg (1386), Köln (1388), Würzburg (1402) und Leipzig (1409) ablesbar ist. Wegen unterschiedlicher Ursachen haben einige dieser Universitäten später ihren Lehrbetrieb wieder eingestellt, so daß heute Leipzig nach Heidelberg die älteste Universität im deutschsprachigen Raum ist, die auf einen kontinuierlichen Lehr- und Forschungsbetrieb seit nunmehr 600 Jahren zurückblicken kann. Dabei stieg Leipzig nicht etwa von einer kleinen Landesuniversität erst allmählich zur Weltgeltung auf, sondern unsere Universität strahlte schon seit ihrer Gründung immer über Sachsen hinaus und blickte auf einen überregionalen Einzugsbereich; sie nahm schon durch die hohen Studentenzahlen stets einen Spitzenplatz unter den deutschen Universitäten ein.

2009 ist für Leipzig in doppelter Hinsicht ein bedeutendes Jahr. Dabei stehen das 600jährige Stiftungsfest der Leipziger Alma mater und die Erinnerung an 20 Jahre Friedliche Revolution sowie die besondere Rolle, die Leipzig dabei gespielt hat, nicht zusammenhanglos nebeneinander. Denn allein der Rückblick auf 550 Jahre Universität Leipzig 1959 und auf 575 Jahre Universitätsgeschichte 1984 verdeutlichen schlaglichtartig die vielen ideologisch bedingten Beschränkungen. Der Neubeginn einer verfassungsrechtlich garantierten Freiheit der wissenschaftlichen Forschung an der Universität Leipzig nach 1990 führte zu einer anderen Ausgangslage, und rechtzeitig begannen auch die Planungen, um viele Lücken der 600jährigen Universitätsgeschichte zu schließen. Die Senatskommission zur Erforschung der Leipziger Universitäts- und Wissenschaftsgeschichte nutzte den mehrjährigen Vorlauf des Jubiläums 2009, um eine fünfbändige »Geschichte der Universität Leipzig« zu erarbeiten. Keine andere deutsche Universität verfügt gegenwärtig über eine so gründliche Gesamtdarstellung. Weitere Forschungsergebnisse liegen in den zahlreichen Bänden der »Beiträge zur Leipziger Universitäts- und Wissenschaftsgeschichte« vor, die in meinem Auftrag herausgegeben werden.

In diesem Zusammenhang freut es mich auch besonders, daß das Institut für Sächsische Geschichte und Volkskunde in Dresden und sein Direktorium meine Anregung aufgegriffen haben, die beiden ältesten Papsturkunden, die für die Universität Leipzig 1409 ausgestellt worden sind, in einer Sonderpublikation besser als bisher zugänglich zu machen. Ergänzt um die Neuedition der Grundordnung unserer Universität vom 2. Dezember 1409, dem eigentlichen Gründungstag, ist eine ansprechende Publikation entstanden, die einerseits die Gründungsdokumente der Universität Leipzig in verläßlichen modernen Textausgaben mit deutschsprachigen Übersetzungen zugänglich macht, und diese Dokumente andererseits durch eine umfassende Einleitung und ergänzende Bildzeugnisse aus der Frühzeit der Universität interpretiert und ein-

ordnet. Die Zusammenstellung von Kurzviten aller Magister, Doktoren und Professoren, die 1409 ihren Dienst an der Universität Leipzig aufgenommen haben, erweitert die institutionengeschichtliche Perspektive um die nicht minder wichtige personengeschichtliche.

Ich danke den Bearbeitern dieses Buches, Herrn Kollegen Enno Bünz, Inhaber des Lehrstuhls für sächsische Landesgeschichte an unserer Universität und Direktor des Instituts für Sächsische Geschichte und Volkskunde (ISGV) in Dresden, sowie Herrn Dr. Tom Graber, Absolvent unserer Universität, wissenschaftlicher Mitarbeiter des ISGV bis Dezember 2009 und anschließend der Sächsischen Akademie der Wissenschaften zu Leipzig, für die Mühe, die sie auf die Fertigstellung dieser Publikation verwandt haben.

Mein Dank gilt schließlich auch dem Institut für Sächsische Geschichte und Volkskunde selbst, das den Großteil der Druckkosten getragen hat und durch die Aufnahme dieser Publikation in die Reihe »Spurensuche – Geschichte und Kultur Sachsens« eine ansprechende Präsentation der Gründungsdokumente der Universität Leipzig ermöglicht hat. Ferner danke ich der Vereinigung von Förderern und Freunden der Universität Leipzig mit ihrem Vorsitzenden, Herrn Senator e. h. Peter Krakow, für die großzügige Unterstützung.

# Vorwort

Diese Publikation ist anläßlich eines Jubiläums entstanden, aber sie soll über diesen Anlaß hinaus wirken und einen Beitrag zur Erforschung der Universität Leipzig leisten, die 2009 auf ihr 600jähriges Bestehen zurückblicken konnte. Zwei der hier edierten drei ältesten Gründungsdokumente sind Papsturkunden. Die Edition der Papsturkunden für sächsische Empfänger, die seit einigen Jahren von Dr. Tom Graber im Institut für Sächsische Geschichte und Volkskunde in Dresden für den Codex diplomaticus Saxoniae, Hauptteil III, bearbeitet wird, bot den Anknüpfungspunkt für Überlegungen, die Universität Leipzig im Jubiläumsjahr mit dieser Festgabe zu ehren.

Das Institut für Sächsische Geschichte und Volkskunde e. V. (ISGV) mit Sitz in Dresden ist 1997 durch einen Beschluß des sächsischen Landtages gegründet worden. Das ISGV sollte und wollte nie ein Universitätsinstitut sein, auch wenn es in Räumen der Technischen Universität Dresden untergebracht ist und manche Förderung von dieser Seite genießt. Gleichwohl ist das ISGV in der Mitgliederversammlung mit allen sächsischen Universitäten verbunden, im besonderen Maße aber mit der TU Dresden und der Universität Leipzig, denn die beiden Direktoren, die sich im zweijährigen Rhythmus in der Geschäftsführung des Instituts abwechseln, sind Professoren dieser Hochschulen, deren Interessen sie in der Mitgliederversammlung des als eingetragener Verein gegründeten ISGV vertreten. Die Rektoren der TU Dresden und der Universität Leipzig gehören dem Kuratorium des ISGV an.

Anläßlich des 175jährigen Jubiläums der TU Dresden hat das ISGV den Band »Studium, Alltag und Kultur in Dresden um 1850. Der Briefwechsel des Studenten der polytechnischen Bildungsanstalt Dresden August Diezel mit seinem Vater Carl August in Elsterberg 1848–1854« veröffentlicht (herausgegeben von Klaus Mauersberger und Johannes Moser, Volkskunde in Sachsen 15, Dresden 2003). Nun wird diesem Band eine Veröffentlichung zur Geschichte der einige Jahrhunderte älteren Universität Leipzig an die Seite gestellt. Selbstzeugnisse, wie sie die Briefe des Dresdner Studenten darstellen, gibt es aus der Frühzeit der Universität Leipzig nicht. Dafür haben sich die zentralen Zeugnisse zur Gründung der Universität Leipzig erhalten, die zwar alle schon in älteren Drucken vorliegen, bislang aber nicht kritisch ediert worden sind. Zudem fehlt es an modernen deutschsprachigen Übersetzungen dieser wichtigen Dokumente und an Erläuterungen, die sie auf der Höhe der heutigen universitätsgeschichtlichen Forschung zum Sprechen bringen.

Der Bezug auf die neuere Forschung, die im Rahmen der Universitätsgeschichte in den letzten Jahrzehnten tatsächlich bedeutende Fortschritte gemacht hat, soll aber nicht vergessen lassen, daß wir den Gelehrten früherer Zeiten zu großer Dankbarkeit verpflichtet sind. Für die spätmittelalterliche Leipziger Universitätsgeschichte sind dies vor allem: Ernst Gotthelf Gersdorf (1804–1874), der bis heute wichtige Untersuchungen über die frühe Universitätsgeschichte vorgelegt hat, Georg Erler (1850–1913), der in drei Bänden die Matrikeln der Universität und der Fakultäten ediert hat, Bruno Stübel (1842–1907), dem wir das Urkundenbuch der Universität Leipzig im Rahmen des Codex diplomaticus Saxoniae regiae zu verdanken haben, vor allem aber Friedrich Zarncke (1825–1891), der vielseitige Philologe, der mit rastlosem Fleiß die gesamte Überlieferung zur Universitätsgeschichte bis 1559 grundlegend durchforstet hat, um dann zentrale Quellenbestände wie die Statutenbücher in kritischer Edition vorzulegen. Solange man sich auf wissenschaftlicher Grundlage mit der älteren Geschichte der Universität Leipzig beschäftigt, wird man dieses Gelehrten dankbar gedenken dürfen. Die zahllosen Festreden der Jubiläen 1859, 1909, 1959 und 2009 werden längst vergessen sein, während man sich der Leistungen eines Friedrich Zarncke noch lange erinnern dürfte.

Möge auch die vorliegende Publikation lange Bestand haben und der Beschäftigung mit unserer historischen Überlieferung neue Freunde zuführen. Gerade das Leipziger Universitätsarchiv ist im Vergleich zu den Archiven anderer Universitäten im deutschsprachigen Raum besonders reich an älterer Überlieferung. Die hier vorgelegten Gründungsdokumente der 600jährigen Alma mater Lipsiensis sind nur die sprichwörtliche Spitze eines Überlieferungsberges, den es durch weitere Forschungen zu erschließen gilt. Den Ausgangspunkt dafür wird die umfassende fünfbändige »Geschichte der Universität Leipzig« bieten, die zur Zeit erscheint.

Unser Dank gilt zuallererst Magnifizenz Franz Häuser, der als Rektor der Jubiläumsuniversität Leipzig diese Publikation anregte und das Grußwort beisteuerte. Für einen namhaften Druckkostenzuschuß haben wir der Vereinigung von Förderern und Freunden der Universität Leipzig e. V. zu danken. Die benützten Archive und Bibliotheken haben jede auf ihre Weise diese Veröffentlichung unterstützt, wobei wir dankbar vor allem Herrn Dr. Eckhart Leisering vom Sächsischen Staatsarchiv – Hauptstaatsarchiv Dresden hervorheben möchten. Eine Reihe von Abbildungsvorlagen konnten dankenswerterweise Herr Dipl.-Hist. Uwe John und Frau Ulrike Corina Glaß M. A., Mitarbeiter der Kommission zur Erforschung der Leipziger Universitäts- und Wissenschaftsgeschichte, besorgen. Nicht zuletzt haben wir Herrn Prof. Dr. Winfried Müller, zur Zeit geschäftsführender Direktor des ISGV, ebenso wie Frau Prof. Dr. Martina Schattkowsky und Herrn Prof. Dr. Manfred Seifert, den Leitern der Bereiche Geschichte und Volkskunde im Dresdner Institut, sehr herzlich für ihre Unterstützung bei der Herausgabe dieses Bandes in der Reihe »Spurensuche« zu danken. Dem Thelem-Verlag und seinem Leiter, Herrn Eckhard Heinicke, haben wir für die sorgfältige Betreuung dieses Bandes ganz besonders zu danken. Enno Bünz trägt vorrangig die Verantwortung für den Hauptteil I, Tom Graber für den Hauptteil II, doch wurden beide Teile wechselseitig überarbeitet und diskutiert, so daß letztlich eine gemeinsame Publikation zustande gekommen ist.

Leipzig/Dresden, am 2. Dezember 2009, dem 600. Stiftungstag der Universität Leipzig

Enno Bünz                                                              Tom Graber

# I.
## Die Gründung
## der
## Universität Leipzig

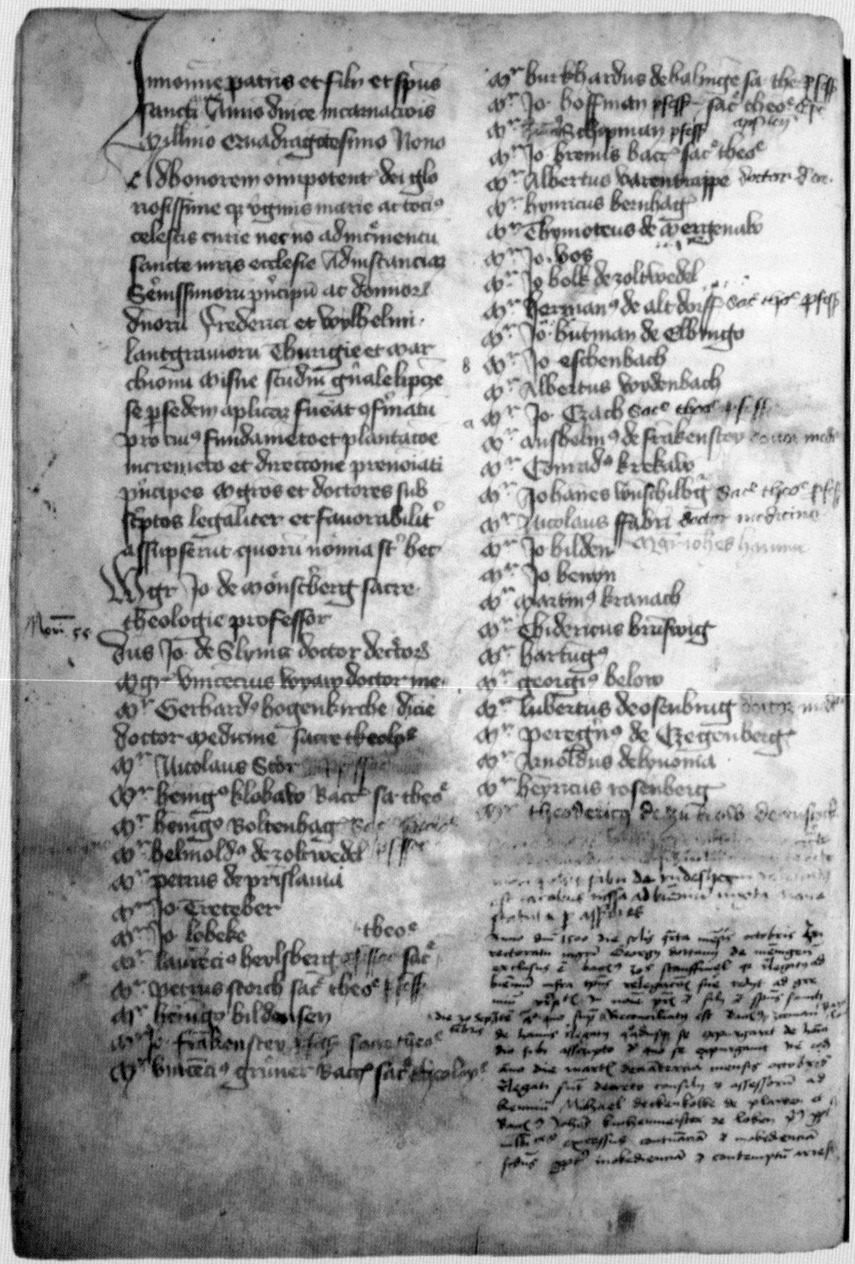

*Abb. 1: Auflistung der 1409 aus Prag nach Leipzig gekommenen Magister in der ältesten Handschrift der Universitätsmatrikel. Leipzig, Universitätsarchiv, Rektor M 1 (Matrikel 1), fol. 17v.*

# 1. 600 Jahre Alma mater Lipsiensis – Alte und neue Perspektiven

Am 9. September 1409 hat Papst Alexander V. die Gründung eines Generalstudiums in Leipzig durch Friedrich IV. und Wilhelm II., Landgrafen von Thüringen und Markgrafen von Meißen, genehmigt. Am 2. Dezember 1409 haben die beiden Wettiner der neuen Universität eine Verfassung gegeben und sie wirtschaftlich ausgestattet, weshalb an diesem Tag bis heute der »Dies academicus« gefeiert wird. Am 19. Dezember 1409 schließlich hat Papst Alexander V. den Bischof von Merseburg, in dessen Bistum Leipzig lag, sowie die Domdekane von Merseburg und Naumburg beauftragt, die Universität Leipzig in ihren Rechten zu schützen. Mit diesen drei Dokumenten des Jahres 1409 wurden die rechtlichen und wirtschaftlichen Grundlagen der neuen Universität gelegt, wurde die Alma mater Lipsiensis als Institution geschaffen.

Doch nur Menschen erfüllen Institutionen mit Leben. Werfen wir deshalb nicht nur einen Blick in das Urkundenarchiv der Universität, das reich gefüllt ist, sondern in die kostbarsten Handschriften, die von ihrem laufenden Betrieb erhalten sind, nämlich in die Matrikelbücher. Der erste Band der Rektoratsmatrikel beginnt mit einigen allgemeinen Bemerkungen über die Gründung der Universität durch die Mark- und Landgrafen Friedrich und Wilhelm und verzeich-

net dann eine lange Liste von Magistern und Doktoren, die von den Landesherren für ihre Universitätsneugründung in Leipzig aufgenommen worden sind; es sind insgesamt 46 Namen verzeichnet (Abb. 1). An erster Stelle steht Magister Johannes Ottonis aus Münsterberg in Schlesien, Professor der Theologie. Er sollte der erste Rektor der Alma mater Lipsiensis werden. Seine Wahl erfolgte am 2. Dezember 1409, eben an jenem Tag also, an dem die Universität durch die Landesherren privilegiert wurde. Entsprechend setzen die Einschreibungen der Studenten im Matrikelbuch mit dem Wintersemester 1409 ein. Es waren mit 369 außerordentlich viele, und das hing natürlich mit den besonderen Umständen der Leipziger Universitätsgründung zusammen. Nur einmal im späten Mittelalter, im Sommersemester 1510, wurden mit 376 Studienanfängern noch mehr junge Menschen immatrikuliert als im Wintersemester 1409/10.

Die spätmittelalterliche Universität erscheint angesichts solcher Zahlen als eine bedächtige und überschaubare Einrichtung, und das war sie in mancher Hinsicht wohl auch im Verhältnis zur modernen Massenuniversität. Heute ist die Immatrikulation ein rein technischer Verwaltungsvorgang; man spricht zwar noch von »Immatrikulation«, als würden sich die Studen-

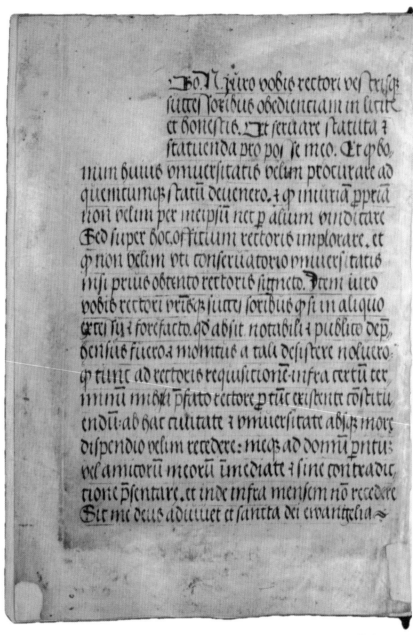

*Abb. 2 (diese und folgende Seite): Schwurblatt mit Eidformular und Darstellung der Offenbarung des Johannes am Anfang der Matrikel 1 der Universität Leipzig. Leipzig, Universitätsarchiv, Rektor M 1 (Matrikel 1), fol. 2v–3r.*

*Abb. 3: Das älteste Leipziger Professorenporträt: Der Kanonist Albert
Varrentrapp in einer Handschrift von 1426. München, Bayerisches
Hauptstaatsarchiv, Abt. III: Geheimes Hausarchiv, Handschrift 12, fol. 12r.*

ten in papierene Verzeichnisse oder Bücher ein-tragen, aber die Matrikel als Verzeichnis der an der Universität eingeschriebenen Studenten ist tatsächlich nur noch eine Datenbank. Im spä-ten Mittelalter oblag die Führung der Matrikel dem Rektor persönlich. Die neuen Studenten hatten sich im Laufe ihres ersten Semesters dem Rektor vorzustellen, der ihren Namen und ihren Herkunftsort aufschrieb, je nach wirtschaftlicher Leistungskraft des Studenten die Höhe der Im-matrikulationsgebühr festlegte und den Eid des Studenten auf die Universitätsstatuten abnahm.

Das Eidformular mit der Miniatur am Anfang des Matrikelbuches ist ganz abgenutzt, weil unzählige Generationen von Studenten ihre Hand darauf gelegt haben (Abb. 2). Die Rektoren nahmen die Einschreibungen auf Einzelblättern vor, die von ihnen erst später in der Matrikel zusammengeführt wurden. Diese Matrikelbücher sind erhalten und werden als kostbarer Besitz im Universitätsarchiv Leipzig gehütet; es handelt sich um stattliche Pergamenthandschriften, in denen manche Rektorate, die übrigens nur jeweils ein Semester umfaßten, mit einer mehr oder minder prächtigen Miniatur eröffnet werden.

Man muß die Leipziger Zahlen natürlich im Verhältnis zu anderen Universitäten sehen. Semester für Semester schrieben sich in Leipzig zumeist mindestens 100, häufig sogar 200, nicht selten aber auch noch mehr Studenten ein. Die Leipziger Immatrikulationszahlen lagen damit sehr hoch, anders gewendet: Leipzig bewegte sich im 15. Jahrhundert in gleicher Augenhöhe (und in steter Konkurrenz) mit den anderen frequenzstarken Universitäten im Deutschen Reich des Mittelalters, nämlich Wien und Erfurt, Köln und Löwen.[1] Die Alma mater Lipsiensis war also schon im späten Mittelalter eine Großuniversität. Nun muß man sich nicht von bloßen Quantitäten beeindrucken lassen. Aber mit den hohen Immatrikulationszahlen korrespondiert in Leipzig (und in Köln und Erfurt ist das ähnlich) ein anderer Sachverhalt, nämlich der überregionale, den gesamten deutschsprachigen Raum umspannende und sogar noch darüber hinausreichende Einzugsbereich der Universität Leipzig (Abb. 4–5). Sowohl die Lehrenden als auch die Studierenden der Universität Leipzig waren zu

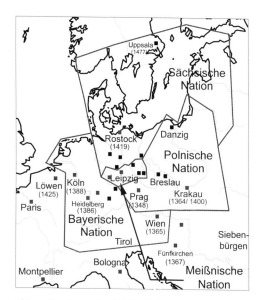

Abb. 4: Der Einzugsbereich der Universität Leipzig im frühen 15. Jahrhundert. Karte: Thomas Lang.

keinem Zeitpunkt internationaler zusammengesetzt als im 15. und frühen 16. Jahrhundert. Erst die Reformation hat Leipzig zu einer sächsischen Landesuniversität gemacht, ohne daß die Alma mater damit freilich ihre deutschlandweite Bedeutung gänzlich eingebüßt hätte.[2] Vor der Reformation gaben an der Universität Leipzig die Magister und Studenten der Bayerischen Nation, vor allem aus Franken, den Ton an, aber es kamen auch zahlreiche Studenten aus weiter entfernten Landschaften des deutschsprachigen Raumes und der Nachbarländer. Das Motto des Leipziger Universitätsjubiläums 2009 »Aus Tradition Grenzen überschreiten« hätte gut auf die Leipziger Studienverhältnisse des späten Mittelalters gepaßt. Nur aus landesgeschichtlicher Perspektive kann die Geschichte der Universität Leipzig in den Jahren 1409 bis 1539 nicht ge-

1 Siehe dazu Eulenburg, Frequenz, S. 46–64, und Schwinges, Deutsche Universitätsbesucher, S. 11–189.
2 Siehe dazu nun die Beiträge von Rudersdorf, Weichenstellung für die Neuzeit, und Döring, Anfänge der modernen Wissenschaften.

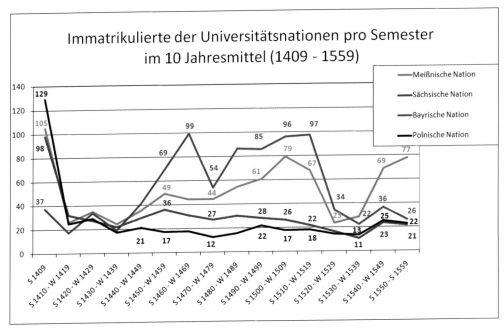

*Abb. 5: Immatrikulationen der Universitätsnationen pro Semester im Zehnjahresmittel, 1409–1559. Graphik: Thomas Lang.*

3  Gut lesbare Gesamtdarstellungen der deutschen Universitätsgeschichte bieten: Müller, Geschichte der Universität, S. 9–50; Boockmann, Wissen und Widerstand, S. 7–139; Weber, Geschichte der europäischen Universität, S. 16–70; Kintzinger, Wissen wird Macht, behandelt neben den Universitäten auch andere Bildungseinrichtungen. – Uneinheitlich ist der Informationsgehalt der Beiträge in: Geschichte der Universität in Europa 1.
4  Köln wurde 1798 geschlossen, 1919 wiederbegründet, Erfurt 1816 aufgehoben und erst 1994 wiedereröffnet.

würdigt werden; sie ist vielmehr ein Thema der deutschen und europäischen Geschichte.

Leipzig gehört zu den wenigen Universitäten im deutschen Sprachraum, die kontinuierlich seit ihrer Gründung bestehen.[3] Nur Wien (1365) und Heidelberg (1386) sind älter, und von den eben angeführten Universitäten mit hoher Immatrikulationszahl wäre auch Löwen (1425) zu nennen. Aber die deutschen Konkurrenten Erfurt (1379/92) und Köln (1388) sind beide mit dem Ende des Alten Reiches untergegangen und erst in der Moderne wiederbegründet worden[4], und dieses Schicksal haben viele deutsche Universitäten geteilt, die im späten Mittelalter entstanden sind. Kaum weniger merkwürdig war das Schicksal der zweiten kursächsischen Lan-

desuniversität in Wittenberg, die 1502 als Konkurrenz zu Leipzig gegründet, 1817 aber mit der Universität Halle vereinigt wurde. Halle selbst wurde 1693 als Universität der Frühaufklärung gegründet, erhielt aber durch die Vereinigung mit Wittenberg einen alten Traditionskern, der zumindest noch in die Zeit des ausgehenden Mittelalters zurückreicht.

Für die allermeisten deutschen Universitäten des Mittelalters besteht eine recht günstige Quellenlage. Neben den Matrikel-, Statuten- und Protokollbüchern enthalten die Universitätsarchive auch noch vielfältige andere Quellenbestände über Rechtsverhältnisse, Wirtschaftsverwaltung, Personalwesen, Außenbeziehungen und andere Bereiche der Universität. Damit sind gute Voraussetzungen für den Historiker gegeben, sich auf wissenschaftlich sicherer Grundlage mit Universitätsgeschichte zu beschäftigen. Schon an dieser Stelle muß angemerkt werden, daß die Überlieferungslage für die spätmittelalterliche Universität Leipzig besonders günstig ist.[5]

Keine andere Institution, die im europäischen Mittelalter entstanden ist und bis heute existiert, ist in ihrer geschichtlichen Selbsterforschung so stark jubiläumsorientiert wie die Universität. Die Feier von Universitätsjubiläen reicht bis in die Frühe Neuzeit zurück. Die protestantischen Universitäten in Deutschland entwickelten mit ihrem historischen Gedenken als erste Argumentationslinien, mit denen die Weichen für die moderne Jubiläumskultur gestellt wurden.[6] Entsprechend wurde auch das fünfhundertjährige Bestehen der Universität Leipzig 1909, die damals auf dem Höhepunkt ihrer Weltgeltung stand, gefeiert.[7]

Man sollte allerdings nicht dem Mißverständnis erliegen, daß eine Universitätsgeschichtsschreibung, die vornehmlich durch Jubiläen veranlaßt ist, wissenschaftlich von minderer Qualität sei. Anläßlich des 550jährigen Bestehens der Universität Heidelberg hat kein Geringerer als der später bedeutende Neuzeithistoriker Gerhard Ritter (1888–1967) eine vorzügliche einbändige Geschichte dieser Universität im Mittelalter vorgelegt. Tübingen war bereits 1927 anläßlich der 450-Jahrfeier mit einer zweibändigen Universitätsgeschichte durch den damals schon berühmten und hochangesehenen Mittelalterhistoriker Johannes Haller (1865–1947) gewürdigt worden, der sich aus Zeitgründen auf die Anfänge und die ersten Jahrzehnte seiner Universität konzentrieren mußte. Dagegen gelang dem Schweizer Historiker Edgar Bonjour (1898–1991) der Kraftakt, die Geschichte der Universität Basel 500 Jahre nach ihrer Gründung in einer bündigen Gesamtdarstellung nachzuzeichnen. Als großer Wurf muß die einbändige Geschichte der alten Universität Köln bezeichnet werden, die 1988 aus der Feder des Mittelalterhistorikers Erich Meuthen erschienen ist.[8] Es ist die bislang einzige Gesamtdarstellung einer mittelalterlichen (und frühneuzeitlichen) deutschen Universität, die sich auf der Höhe der modernen universitäts- und bildungsgeschichtlichen Forschung bewegt. Gleichwohl räumt Meuthen im Vorwort freimütig ein (und sprach damit aus, was am Anfang vieler Universitätsgeschichten stehen könnte): »Die hier vorgelegte neue Kölner Universitätsgeschichte bekennt unumwunden, daß sie – wie viele andere – eine Jubiläumsgeburt ist. Ohne den Gedenkanlaß, die Gründung der alten Universität im Jahre 1388, wäre sie mit Sicherheit nicht zustande gekommen«.[9] Jubiläumsbedingt und doch Grundlagenwerk, wie Peter Moraw in seiner Besprechung des Buches bemerkt hat: »Was Erich Meuthen über Köln geschrieben hat, ist das seit langer Zeit wertvollste Werk über eine wirklich bedeutende Universität«.[10] Die Regel ist mittlerweile allerdings auch bei bedeutenden Universitäten die Gesamtdarstellung durch mehrere Autoren, wie es in vorbildlicher Weise für die Prager Karlsuniversität anläßlich des letzten Jubiläums demonstriert worden ist.[11] Entsprechend ist auch die erste umfassende Geschichte der Universität Leipzig angelegt.[12]

5 Keine andere Universität verfügt über einen so vorzüglichen Wegweiser durch seine älteren Quellenbestände wie Leipzig durch Zarncke, Urkundl. Quellen. – Allgemein zur spätmittelalterlichen Matrikelüberlieferung Schwinges, Resultate und Stand, S. 64–72, zur Überlieferung der Promotionsbücher ders., Acta Promotionum. Beide Aufsätze enthalten umfangreiche weiterführende Literaturhinweise.

6 Müller, Das historische Jubiläum, S. 24. – ders., Erinnern an die Gründung.

7 Siehe dazu die ausführliche Dokumentation von Binding, Feier des Fünfhundertjährigen Bestehens.

8 Ritter, Heidelberger Universität; Haller, Anfänge der Universität Tübingen; Bonjour, Universität Basel; Meuthen, Die alte Universität.

9 Meuthen, Die alte Universität, S. V.

10 Moraw, Von der Universität Köln, S. 240.

11 Kavka/Petráň, A history of Charles University (die englische Ausgabe in zwei Bänden entspricht inhaltlich der tschechischen Originalausgabe in vier Bänden).

12 Geschichte der Universität Leipzig 1–5.

Das 500jährige Jubiläum der Universität Leipzig 1909 hätte Anlaß für eine große historische
Bilanz sein können. Das Kultusministerium hatte
bereits 1891 den Historiker Georg Erler (1850–
1913), der als Extraordinarius in Leipzig lehrte,
mit der Abfassung einer Universitätsgeschichte
beauftragt (Abb. 6). Als Editor der Leipziger Matrikeln des Rektors und der Fakultäten bis 1559,
die 1895 bis 1902 in drei umfangreichen Bänden
erschienen sind[13], war er der berufene Verfasser
für die Universitätsgeschichte zur Fünfhundert-
jahrfeier. Obschon Erler bereits 1892 einem Ruf
an die Universität Königsberg in Preußen gefolgt
und 1902 an die Universität Münster gewechselt
war, hielt er weiter an seiner Zusage fest, bis
zum Jubiläum 1909 eine mehrbändige Geschichte der Universität Leipzig zu verfassen, doch ist
ihm dies nicht gelungen.[14] Erlers Matrikeledition
ist bis heute ein Grundlagenwerk der deutschen
Universitäts- und Bildungsgeschichte, auf dem
nach wie vor alle Arbeiten aufzubauen haben.
Die Geschichte der Universität Leipzig wäre,
wenn Erler sie denn doch noch geschrieben
hätte, heute zumindest streckenweise überholt,
was schlichtweg mit dem unterschiedlichen Zugriff zu tun hat, mit dem am Anfang des 20. bzw.
am Anfang des 21. Jahrhunderts Universitätsgeschichte geschrieben wurde bzw. wird.

Bei der Erwägung, wie man heute die Geschichte einer Universität darstellen würde,
und wie man es vor hundert Jahren getan hat
(oder im Falle Leipzigs hätte tun können), fällt
das unterschiedliche Zutrauen in einen vorder-
gründig institutionengeschichtlichen Zugriff auf.
Universitätsgeschichte, das war in der ersten
Hälfte des 20. Jahrhunderts eben noch weitge-

Abb. 6: Georg Erler (1850–1913) als Rektor der
Universität Münster.

hend Institutionengeschichte. Man vertraute
auf die ausgeformten Strukturen, die sich aus
den mehr oder minder umfangreichen Statuten der Universitäten und Fakultäten ablesen
ließen, man war letztlich davon überzeugt, daß
sich die Universität vom späten Mittelalter bis
in die Gegenwart zwar in mancher Hinsicht
gewandelt habe, gleichwohl als Institution im
Kern sich gleich geblieben sei. Man schrieb deshalb Universitätsgeschichte vor allem als eine
Geschichte ihrer Leitungsgremien und Verwal-
tungseinrichtungen, ihrer Fakultäten, Seminare
und Institute, vielleicht noch ihrer Gebäude und
Bibliotheken. Anderes mochte hinzukommen.
Die Professoren traten zumeist dann ins Bild,

13  CDS II, Bd. 16–18.
14  Zum folgenden Binding,
Feier des Fünfhundertjährigen
Bestehens, S. 3; Fläschendräger,
Universitätsgeschichte, S. 16–27;
ders., Geschichtliche Entwicklung, S. 222–238; Blecher, Richard Georg Erler, S. 92–95; über
die Inszenierung des Jubiläums
zuletzt Weber, *Ces grands privilèges*, S. 12–15.

wenn es große Gelehrtengestalten zu würdigen galt. Die Studenten hingegen betrachtete man eher aus kulturgeschichtlicher Perspektive mit einem besonderen Interesse für Randständiges, nämlich das studentische Verbindungswesen und Brauchtum, z. B. die Magisterschmäuse, worüber für Leipzig übrigens der bereits erwähnte Georg Erler ein schönes Buch vorgelegt hat.[15]

Die institutionelle und normative Perspektive stand lange Zeit im Vordergrund der Universitätsgeschichte. Neben zahlreichen Einzeldarstellungen kann hier exemplarisch auf das grundlegende Handbuch von Hastings Rashdall (1858–1924) über die europäischen Universitäten im Mittelalter verwiesen werden, das erstmals in Oxford 1895 erschienen ist und in der dreibändigen erweiterten Neuausgabe von 1936 bis heute benutzt wird.[16] Im ersten Band werden die Gründung und Entwicklung der Universitäten in Salerno, Bologna, Paris behandelt, im zweiten die Universitäten in Italien, Spanien, Frankreich, Deutschland, Schottland usw., und der letzte Band enthält neben der Geschichte der englischen Universitäten Oxford und Cambridge eine breit angelegte Darstellung des studentischen Lebens im Mittelalter, eröffnet also alltags- und kulturgeschichtliche Perspektiven.

Wegweisende Neuansätze bestimmten die deutsche Universitätsgeschichtsforschung seit den 1960er Jahren.[17] Dabei muß vorausgeschickt werden, daß die Universitäts- und Bildungsgeschichte an deutschen Universitäten nicht als eigenständiges Fach vertreten ist, sieht man einmal davon ab, daß es zeitweilig einen solchen Lehrstuhl an der Universität München gab.[18] Die Innovation der deutschen Universi-

tätsgeschichte jedoch resultierte vielmehr aus dem Umstand, daß dieses Forschungsfeld gewissermaßen »nebenbei« von Mittelalter- und Landeshistorikern gepflegt wurde, was aber den Vorteil mit sich brachte, daß Universitäts- und Bildungsgeschichte im allgemein- und landesgeschichtlichen Rahmen kontextualisiert wurde. Hier ist vor allem Peter Moraw zu nennen. Wie in seinen Forschungen zur Reichsverfassung, die das Bild vom deutschen Spätmittelalter verändert haben, wandte sich Moraw auch in der Universitätsgeschichte den Personenverbänden zu, die vor allem mit dem methodischen Zugriff der Prosopographie untersucht wurden, was es zugleich notwendig machte, die Universitäten nicht in institutioneller Isolierung, sondern in vergleichender Perspektive zu erforschen.[19] Moraw ersetzte nicht einfach die klassische Institutionengeschichte durch einen neuen Ansatz, den man als Personenforschung oder Kollektivbiographie bezeichnen könnte. Es ging also nicht um die Überwindung traditioneller Verfassungsgeschichte durch eine moderne Sozialgeschichte oder sogar historische Anthropologie. Der innovative Ansatz bestand vielmehr darin, beides miteinander zu verbinden. Wie Jürgen Miethke jüngst hervorgehoben hat, fragte Moraw auch bei der Universitätsgeschichte »nach den Menschen, die sich innerhalb dieser Institutionen bewegten, die in ihnen arbeiteten, von ihnen geprägt wurden und welche die Institutionen nach ihren Bedürfnissen formten. Die Universitäten werden zu Schauplätzen nicht allein von Entscheidungen der institutionellen Organe, spiegeln nicht mehr allein das Wechselspiel von Befehl und Gehorsam, von Willensbildung und

15 Erler, Leipziger Magisterschmäuse.

16 Rashdall, The Universities of Europe 1–3.

17 Siehe die Forschungsüberblicke von Müller, Genese. – Moraw, Aspekte. – Borgolte, Sozialgeschichte, S. 373–384 (»Zur Geschichte der Universitäten«). – Schwinges, Resultate und Stand. – Hammerstein, Bildung, S. 55–109.

18 Vgl. die Aufsatzsammlung von Boehm, Geschichtsdenken, Bildungsgeschichte, Wissenschaftsorganisation.

19 Die wichtigsten Studien nun wiederabgedruckt in: Moraw, Gesammelte Beiträge.

20 Jürgen Miethke im Vorwort zu: Moraw, Gesammelte Beiträge, S. X.

21 Schwinges, Deutsche Universitätsbesucher. – Seine zahlreichen weiterführenden Aufsätze sind nun gesammelt in: Ders., Studenten und Gelehrte.

22 Schmutz, Die deutschen Rechtsstudenten; Gramsch, Erfurter Juristen; Hesse, Amtsträger der Fürsten; Immenhauser, Universitätsbesucher; Fuchs, Dives, Pauper, Nobilis. – Weitere einschlägige Untersuchungen sind nachgewiesen bei Schwinges, Repertorium Academicum Germanicum, S. 592–602.

23 Siehe die Homepage mit der Datenbank: http://www.rag-online.org (Zugriff: 4. Dezember 2009). – Vgl. auch Schwinges, Repertorium Academicum Germanicum; Hesse, Repertorium Academicum Germanicum; Hesse/Schwinges, »Universitätsranking«.

Entscheidung, sondern werden als Ort menschlicher Bestrebungen und politischen Durchsetzungswillens von Einzelnen und von Gruppen wahrgenommen, zeugen neben ihrer Bedeutung als Gefäß der Wissenschaften auch von den Kämpfen um Einfluß und Entscheidungen, sind angefüllt von Siegern und Besiegten, bergen Erfolgreiche und Zurückbleibende. Sie spiegeln, so läßt es sich auf eine Formel bringen, alltägliches Leben in menschlicher Gesellschaft wieder. Damit rückt auch der sozialgeschichtliche Aspekt der Universitätsgeschichte in breitester Front in den Brennpunkt des Forschungsinteresses. Denn die Universitäten treten nunmehr nicht mehr als abgegrenzter, in gewissem Sinn von der allgemeinen sozialen Realität abgehobener Lebenskreis in Erscheinung, sondern als vielleicht besonderer, aber mit seiner Umwelt in ständiger Kommunikation stehender Lebensraum«.[20] Methodisch beruht der Erfolg dieses Neuansatzes also auf der Verbindung von prosopographischen und sozialgeschichtlichen Forschungsansätzen, die die Universitätsangehörigen als einen Teil der Eliten des deutschen Spätmittelalters analysieren, und der Überwindung einer bloß institutionengeschichtlichen Betrachtung der Universität auch in räumlicher Hinsicht, in dem die Erforschung der einzelnen Universität, sei es nun Prag, Heidelberg usw., stets vergleichend in einen deutschen und europäischen Kontext eingeordnet werden.

Die Erforschung der universitären Eliten, vor allem der gelehrten Juristen, also der Magister und Doktoren, aber auch der Studenten der Juristenfakultät, die stets etwas besonderes Besonderes waren, wurde von Moraws akademischem Schüler Rainer Christoph Schwinges um neue Themenfelder erweitert, indem er sich stärker den Studenten zugewandt hat, wie an der großen quantitativen Untersuchung über die deutschen Universitätsbesucher im 14. und 15. Jahrhundert ablesbar ist.[21] Der sozialgeschichtlich-prosopographische Ansatz wurde nun mit den Methoden der elektronischen Datenverarbeitung auf zehntausende Studenten angewandt, die im späten Mittelalter an den deutschen Universitäten studiert haben. Im Mittelpunkt stehen – gewissermaßen als kollektive Fallstudie – die an der Universität Köln immatrikulierten Studenten, wofür die vorzügliche, auch durch Register bestens erschlossene Edition der Kölner Universitätsmatrikel die Grundlage bot. Diese Ansätze Peter Moraws und Rainer Christoph Schwinges haben mittlerweile zu einer Reihe weiterer prosopographisch-sozialgeschichtlicher Fallstudien geführt, die entweder die Studenten bzw. die Graduierten eines bestimmten Faches behandeln, nach der universitären Ausbildung von Funktionseliten fragen oder die Studierenden einer größeren Herkunftslandschaft oder einer Universität insgesamt in den Blick nehmen.[22] Aus den gemeinsamen Bestrebungen von Peter Moraw und Rainer Christoph Schwinges ist mittlerweile das Vorhaben eines »Repertorium Academicum Germanicum« erwachsen, das in einer prosopographischen Datenbank alle Graduieren im Reich bis 1550 erfassen soll.[23]

Die entschlossene Hinwendung der deutschen Universitätsgeschichte zur Prosopographie und Sozialgeschichte ist natürlich vor dem Hintergrund des Paradigmenwechsels in der westdeutschen Geschichtswissenschaft der 1970er

Jahre zu sehen. Die Erforschung der mittelalterlichen Universitäten Mittel- und Ostdeutschlands in Rostock, Greifswald, Frankfurt an der Oder, Erfurt, Leipzig und Wittenberg ist davon bis zur deutschen Wiedervereinigung deshalb praktisch unberührt geblieben. Ob sich die Sozialgeschichte spätmittelalterlicher Universitäten überhaupt schreiben läßt, hängt entscheidend von einer genügend breiten Datenbasis ab. Sie ist bei den Universitäten des deutschsprachigen Raumes fast durchweg gegeben, weil die seit der Gründung geführten Matrikeln erhalten sind. Weiter sollte auch der Vorteil nicht übersehen werden, daß alle Matrikeln seit geraumer Zeit ediert vorliegen. Restlos verlorengegangen sind lediglich die Matrikeln der Universitäten Mainz, Trier und Würzburg, doch hat letztere nur ein Jahrzehnt bestanden, weshalb der Verlust zu verschmerzen sein dürfte.[24]

Der Fortschritt universitätsgeschichtlicher Forschung in den letzten Jahrzehnten ist offenkundig. Namentlich Peter Moraw, Rainer Christoph Schwinges und ihre Schüler haben neue Methoden konzipiert und richtungsweisende Arbeiten für einige Universitäten wie Köln und Erfurt vorgelegt. Gleichwohl bleibt für die meisten deutschen Universitäten noch viel zu tun, wobei auch nicht übersehen werden sollte, daß keineswegs nur die skizzierten neueren Ansätze tragfähig sind. Zur Frage, wie man die Geschichte einer Universität schreiben sollte, hat sich der Kölner Mittelalterhistoriker Erich Meuthen im Vorwort seiner Kölner Universitätsgeschichte pointiert geäußert. Einerseits besteht für Meuthen kein Zweifel daran, daß Prosopographie und Sozialgeschichte für eine

moderne Universitätsgeschichte unverzichtbar sind: »Universitätsgeschichte kann in mannigfacher Weise betrieben werden. Die akademischen Institutionen bilden das Gerüst für verfassungsgeschichtliche Studien, die der Universität einen bedeutsamen Rang in der allgemeinen europäischen Verfassungsgeschichte zuweisen. Doch erst Personen – Gelehrte, Lehrer, Schüler – schaffen ein lebendigeres Bild. Allerdings kann prosopographische Universitätsgeschichte, die sich von hier aus aufdrängt, zu einer Sammlung biographischer Daten verkümmern, wenn sie nicht in größere personengeschichtliche Zusammenhänge hineinweist. Dabei wird es sich nicht zuletzt um die Strukturierung des prosopographischen Materials zu einem wissenschaftsgeschichtlichen Mosaik handeln; entwickelt sich Personengeschichte hier doch vornehmlich als Wissenschaftsgeschichte«. Meuthen fährt fort, indem er nun direkt auf seinen Gegenstand, die Universität Köln Bezug nimmt: »Im übrigen sind Personen- und Institutionengeschichte durchaus verbindbar, wie schon die bloße Nachfrage zeigt, was es denn mit der Kölner Scholastik, mit der Dominikanertheologie oder mit der Einführungswissenschaft der Kölner Juristen auf sich habe. In jüngster Zeit immer populärer wird die sozialgeschichtliche Ausrichtung der Personengeschichte. Die bemerkenswerten Erfolge sozialgeschichtlich angelegter Universitätsgeschichte sollten jedoch nicht übersehen lassen, daß diese sich auf keinen Fall in bloßer Sozialstatistik erschöpfen kann. So töricht es wäre, die sozialgeschichtlichen Zusammenhänge, ja Fundamente einer Universität zu ignorieren, so nachdrücklich müssen Lehre und Lehrinhalte Gegenstand uni-

24 Zur Überlieferung Schwinges, Resultate und Stand, S. 68 f.

25 Meuthen, Die alte Universität, S. VIII f.
26 Meuthen, Die alte Universität, S. IX.
27 Zarncke, Die urkundlichen Quellen; ders., Statutenbücher.
28 CDS II, Bd. 16–18.
29 CDS II, Bd. 11. – Dieses Urkundenbuch enthält allerdings keineswegs sämtliche Urkunden zur Universitätsgeschichte. Noch gravierender sind die zahlreichen Verlesungen und Fehldatierungen. Vor allem die undatierten Aktenstücke, die sich auf die Universitätsreform Anfang des 16. Jahrhunderts beziehen, sind vielfach nicht genau datiert und in ihren sachlichen Zusammenhängen nicht erkannt. Siehe dazu eingehend Gess, Leipzig und Wittenberg, S. 82–93.
30 Friedberg, Universität Leipzig. Das Buch behält seinen Wert durch den Abdruck der Gutachten zur Universitätsreform von 1502, S. 95–148.
31 Boysen, Das älteste Statutenbuch; Bruchmüller, Leipziger Student; Friedberg, Leipziger Juristenfakultät; Helssig, Die wissenschaftlichen Vorbedingungen; Kirn, Leipziger Theologische Fakultät; Sudhoff, Die medizinische Fakultät; Die Universität Leipzig 1409–1909; Kötzschke, Die kulturgeschichtliche Stellung, bietet einen Bericht über die damaligen Jubiläumspublikationen.
32 Hoyer, Auszug; ders., Gründung; ders., Gründung und Probleme.

versitätsgeschichtlicher Forschung bleiben (wie ja auch eine Sozialgeschichte des Goldschmiedehandwerks die Geschichte der Goldschmiedekunst nicht ersetzen kann). Schließlich kann Universitätsgeschichte aber auch kaum ohne ihr jeweiliges politisches Umfeld verstanden werden«.[25]

Wer Universitätsgeschichte schreiben will, muß – so kann man im Sinne Erich Meuthens zusammenfassen – Verfassungs-, Personen-, Wissenschafts-, Sozial- und politische Geschichte betreiben. Daneben gibt es, wie Meuthen sagt, auch »Randhafteres«, was es von Fall zu Fall zu bearbeiten gilt, »wie es uns etwa im akademischen Brauchtum entgegentritt«. Vor allem aber gehe es um die Verknüpfung der eben genannten Elemente, die »Universitätsgeschichte als ein vornehmlich bildungsgeschichtliches Phänomen sichtbar werden« läßt.[26] So selbstverständlich es klingt, die Tatsache, daß Universitätsgeschichte vor allem Bildungsgeschichte ist, wird in der neueren Forschung nicht immer ausreichend deutlich. Doch trifft diese Kritik nicht nur auf die neuere sozialgeschichtliche Betrachtung der mittelalterlichen Universität zu, denn auch die einseitige Konzentration auf die Institutionengeschichte, wie sie von der früheren Forschung favorisiert wurde, oder die beschränkte Betrachtung einer Universität aus bloßer stadt- oder landesgeschichtlicher Perspektive wird diesem komplexen Gegenstand nicht gerecht.

Die neueren Trends der Universitäts- und Bildungsgeschichte sind an der Universität Leipzig praktisch spurlos vorbeigegangen. Für die Erforschung der spätmittelalterlichen Universität sind durch die Arbeiten von Friedrich Zarncke

Abb. 7: Friedrich Zarncke (1825–1891).

(1825–1891) (Abb. 7)[27], Georg Erler (1850–1913)[28] und Bruno Stübel (1842–1907)[29] schon im 19. Jahrhundert sichere editorische Grundlagen geschaffen worden. Darauf konnte dann wiederum die knappe Gesamtdarstellung der Leipziger Universitätsgeschichte aufbauen, die der Jurist Emil Friedberg (1837–1910) schon 1898 vorgelegt hat.[30] Hieran konnten zahlreiche Arbeiten anknüpfen, die anläßlich des Universitätsjubiläums 1909 entstanden sind, ohne daß damals allerdings die angestrebte Gesamtgeschichte der Alma mater Lipsiensis zustande gekommen wäre.[31] Danach ist die Erforschung der älteren

Universität Leipzig für fast ein Jahrhundert wieder in deutlich ruhigeren Bahnen verlaufen. Lediglich für Einzelfragen wie die Gründung der Universität 1409[32], die Rolle der Dominikaner[33], die spätmittelalterlichen Bibliotheken[34], die akademischen Redeakte und Predigten[35] sowie die Universitätsreformen des 16. Jahrhunderts[36] sind größere Einzelstudien entstanden, und die Universitätsjubiläen von 1959 und 1984 haben zumindest kürzere Überblicksdarstellungen herausgefordert.[37] Die Geschichte der spätmittelalterlichen Universität Leipzig ist auf weiten Strecken noch unerforscht, wozu wohl die scholastische Lehrtradition und die abweisende Haltung zur Reformation im altgläubigen Herzogtum Sachsen das ihre beigetragen haben. Man wird deshalb mit Erich Meuthen beklagen dürfen, daß Leipzig ähnlich wie Köln, vermutlich sogar aus den gleichen Gründen, schlechter dasteht, als diese Universität es tatsächlich verdient hätte.[38] Dabei war Leipzig »eine von Anfang an große Universität«, die schon deshalb intensiverer Erforschung wert ist.[39] Anläßlich des Leipziger Universitätsjubiläums 2009 ist im Rahmen der fünfbändigen Universitätsgeschichte die erste umfassende Darstellung über die Alma mater Lipsiensis 1409 bis 1539 erschienen; sie versucht ein Gesamtbild zu bieten, wie es bislang noch nicht vorlag, markiert aber auch die Lücken und offenen Forschungsfelder.[40] Wer die Probleme und Themen der Universitäts- und Bildungsgeschichte, aber auch die Dimensionen der spätmittelalterlichen Überlieferung der spätmittelalterlichen Alma mater Lipsiensis kennt, weiß, daß noch vielfältige Forschungen nötig sein werden, um ein umfassendes, alle Bereiche wirklich erhellendes Gesamtbild der Universität im späten Mittelalter und in der Reformationszeit zu zeichnen.

33 Löhr, Dominikaner.

34 Döring, Bestandsentwicklung; ders., Unbekannte Quellen.

35 Buchwald, Eine juristische Doktorpromotion; ders., Leipziger Universitätspredigt; ders., Leipziger Universitätspredigten; ders./Herrle, Redeakte; Herrle, Redeakte.

36 Helbig, Reformation.

37 Helbig, Universität Leipzig; Hoyer, Die scholastische Universität; Steinmetz, Universität Leipzig.

38 Meuthen, Die alte Universität, S. 454.

39 Hammerstein, Bildung, S. 115.

40 Bünz, Gründung und Entfaltung.

*Abb. 8: Die Universitäten in Europa ca. 1200–1409. Entwurf: Enno Bünz, Kartographie: Dana Kasprick.*

# 2. Von Prag nach Leipzig: Voraussetzungen, Verlauf und Bedeutung der Universitätsgründung

»Nach Süden nun sich lenken
Die Vöglein allzumal,
Viel Wandrer lustig schwenken
Die Hüt im Morgenstrahl.
Das sind die Herrn Studenten,
Zum Tor hinaus es geht,
Auf ihren Instrumenten
Sie blasen zum Valet:
Ade in die Läng' und Breite
O Prag, wir ziehn in die Weite:
*Et habet bonam pacem,*
*Qui sedet post fornacem!*[1]

Ganz so frohgemut wie in Joseph von Eichendorffs »Wanderlied der Prager Studenten« werden die deutschen Magister und Scholaren nicht gestimmt gewesen sein, als sie im Frühjahr 1409 die Universität Prag verließen. Zwar ist die fröhliche Überhöhung des Studentenlebens, des »fahrenden Scholaren«[2], nicht erst eine Erfindung der Romantik, aber der Auszug der Lehrer und Studenten aus Prag vor sechshundert Jahren war nicht nur ein Abschied für immer, sondern vor allem beschloß der Auszug eine verfahrene Situation an der Karlsuniversität, die seit vielen Jahren angedauert und sich zunehmend verschärft hatte. Das lag vor allem daran, daß es sich nicht nur um eine inneruniversitäre

Auseinandersetzung handelte, sondern sich diese Streitigkeiten um Fragen der Lehre und der Ressourcenverteilung in untrennbarer Weise mit politischen und kirchlichen Problemen der Zeit verquickten.

Ohne diese Auseinandersetzung in Prag ist die Gründung der Universität Leipzig nicht zu verstehen, ähnlich übrigens wie die Entstehung der Universität Cambridge ebenfalls ohne die Konflikte in Oxford 1209 nicht denkbar wäre und überhaupt die Sezession, der feierliche Auszug von Magistern und Scholaren, am Beginn einiger mittelalterlicher Universitätsneugründungen steht (Abb. 10–11).[3] War der Auszug der Magister und Scholaren von Prag nach Leipzig also ein ganz normaler Vorgang? Um angemessen beurteilen zu können, was sich 1409 abgespielt hat, soll zunächst der Standort von Prag in der spätmittelalterlichen Universitätsgeschichte Europas bestimmt werden. Erst dann wird es möglich sein, die Leipziger Universitätsneugründung zu würdigen.[4]

Als der böhmische König Karl IV. 1348 die Universität Prag gründete[5], für die er bereits im Vorjahr ein päpstliches Privileg erwirkt hatte, schwebte ihm gewiß keine Landesuniversität für Böhmen vor. Diese Vorstellung wäre schon deshalb völlig abwegig gewesen, weil die Pra-

1 von Eichendorff, Werke 1, S. 254 mit Kommentar S. 990.

2 Dazu nun kritisch Irrgang, Scholar vagus.

3 Geschichte der Universität in Europa 1, S. 63 (Oxford – Cambridge), S. 92 f. (Bologna – Modena/Arezzo/Padua), S. 111 (Paris – Orléans).

4 Vgl. Bünz, Gründung und Entfaltung; ders., Gründung der Universität; ders., Leipziger Universitätsgründung; ders., Universität Leipzig; ders./Lang, Männer der ersten Stunde.

5 Eine Bilanz der seit langem sehr regen universitätsgeschichtlichen Forschung über Prag bietet nun: Dějiny Univerzity Karlovy; damit inhaltlich identisch die einbändige englische Übersetzung: A history of Charles University. Wichtig sind auch die zahlreichen Untersuchungen von Šmahel, Prager Universität.

ger Hohe Schule in einem noch universitätsfreien Mitteleuropa gegründet wurde. Die Frage nach der Landesuniversität ist deshalb anachronistisch, zumal die Hohen Schulen ihrem Grundverständnis entsprechend international ausgerichtet waren, indem 1. der Lehr- wie der Alltagsbetrieb in der »lingua franca« des Mittelalters, dem Lateinischen, abgewickelt wurde, 2. die Fakultäten – angefangen mit der Artistenfakultät und ihrem Grad des Magister artium – akademische Titel verliehen, die dessen Inhaber mit der »licencia ubique docendi« ausstatteten, und weil 3. die Internationalität der Hohen Schulen des späten Mittelalters auch dadurch ganz selbstverständlich garantiert wurde, daß die Lehrinhalte weitgehend normiert waren. Dies gilt zumindest für die Artistenfakultät, also für jene Großfakultät, die sich schon im späten Mittelalter durch ihren »Massenbetrieb« von den drei kleinen und feinen höheren Fakultäten der Theologie, der Jurisprudenz und der Medizin deutlich abhob. Wer sich im späten Mittelalter entschied, ein Studium zu beginnen, wählte kein Studienfach, sondern er hatte zunächst einmal die Artistenfakultät zu durchlaufen, und nur wenn er dieses Studium mit dem Grad des Magister artium abschloß, war er überhaupt befugt, das Studium an einer höheren Fakultät seiner Wahl fortzusetzen, wenn er über die dafür erforderlichen Mittel verfügte.

Der Gelehrte Caspar Borner bezeichnete die Leipziger Artistenfakultät 1540 als »Mutter der ganzen Universität«[6], eine Aussage, die keineswegs nur auf Leipzig zutraf. Und was gab es dort zu lernen? Entgegen der landläufigen Vorstellung, daß dort die »Artes«, eben die »Septem

6 Welcher er selbstverständlich die Theologische Fakultät als «Königin aller Fakultäten» voranstellte: «Und erstlich dweil die theologia aller andern faculteten regina und ist quasi forma, die facultet artium aber der ganzen universitet muter [!] und quasi materia, doraus man die andern macht, so ist uf die beide am eigentlichsten vor allen zu achten» (Schriften Dr. Melchiors von Osse, S. 485). Das Zitat stammt weder von 1539 noch von Melchior von Osse, wie Helbig, Universität, S. 16 irrig angibt.

Abb. 9: Karlsuniversität in Prag. Gotischer Erker des Collegium Carolinum.

artes liberales«, die Sieben Freien Künste, als ein seit der Spätantike mehr oder minder wohlbehalten tradierter Bildungskanon vermittelt worden seien, war dies tatsächlich in der spätmittelalterlichen Universität nur noch sehr bedingt der Fall. Zwischen der Bildungstradition des frühen und hohen Mittelalters, die durchaus noch eine handfeste Vorstellung von den Inhalten des Trivium und des Quadrivium gehabt hatte, und den Bildungstraditionen des späten Mittelalters liegt ein epochaler geistesgeschichtlicher Bruch, die Aristotelesrezeption im 12. und 13. Jahrhundert. Daß sich die Schriften des Aristoteles und seiner Interpreten im Lehrprogramm der spätmittelalterlichen Universität durchsetzen und behaupten konnten, hat weitreichende Konsequenzen gehabt.[7] Die Artistenfakultät wurde zur Philosophischen Fakultät.

Für die Masse der Studenten begann und endete hier ihr akademischer Weg, für die meisten zudem ohne akademischen Abschluß. Die wenigsten traten überhaupt zur Prüfung an, die niemand von ihnen verlangte, um den Grad eines Baccalaureus artium oder sogar eines Magister artium zu erreichen. Die Bedeutung der drei höheren Fakultäten ist gegenüber der Artistenfakultät zumindest in quantitativer Hinsicht immer gering geblieben. In Prag betrug die Frequenz der gesamten Universität, also die Zahl der gleichzeitig anwesenden Studenten, in der zweiten Hälfte des 14. Jahrhunderts nach den Berechnungen von František Šmahel zwischen 2.500 und 3.000 Personen. Von ihnen immatrikulierten sich in den 1380er Jahren jährlich nur 140 an der Juristenfakultät. Die Zahl der studierenden Mediziner und Theologen ist wohl noch

geringer gewesen. Das aber war – wie schon bemerkt wurde – ein Strukturproblem aller Universitäten, welches einerseits mit sozialen Auswahlmechanismen in den höheren Fakultäten und andererseits mit der ausgesprochen langen Studiendauer zusammenhing. Insgesamt aber gehörte die Prager Karlsuniversität zu den meistbesuchten Universitäten Mitteleuropas.[8]

Die mittelalterliche Universitätsgeschichte wird bekanntlich von zwei konkurrierenden Verfassungsmodellen geprägt, dem der Vier-Fakultäten-Universität Paris und dem der Juristenuniversität Bologna.[9] Dem Pariser Modell der Magister-Universität gehörte nördlich der Alpen die Zukunft, und nach diesem Vorbild war die Universität Prag schon 1348 mit vier Fakultäten gegründet worden, also einschließlich der Theologischen Fakultät. Die meisten päpstlichen Universitätsprivilegien enthielten bis zum Ausbruch des Großen Abendländischen Schismas die schwerwiegende Formel »excepta facultate theologica«, nicht so in Prag, wo von vornherein eine Universität mit Theologischer Fakultät gegründet wurde.[10] Erst nach dem Ausbruch des Großen Abendländischen Schismas, in dem sich seit 1378 zunächst zwei, seit 1409 dann zeitweilig sogar drei Päpste gegenüberstanden, war es leichter, ein umfassendes Universitätsprivileg zu erlangen. In diesem Zeitraum sollte die erste universitäre Gründungswelle im Deutschen Reich fallen (Abb. 8). 1365 wurde die Universität Wien gegründet, 1379 Erfurt privilegiert, wo der Studienbetrieb aber letztlich erst 1392 begann, 1386 folgte Heidelberg, 1388 Köln, 1402 Würzburg und 1409 schließlich die Gründung von Leipzig.[11] Bekanntlich wird von dieser ersten Gründungs-

7 Anstelle weitläufiger Literaturangaben sei verwiesen auf das Standardwerk von van Steenberghen, Philosophie im 13. Jahrhundert.

8 Die Angaben beruhen auf den Berechnungen von Šmahel, Pražské univerzitní studentstvo. Aus vorhussitischer Zeit hat sich in Prag nur die Matrikel der Juristenfakultät bzw. -universität ab 1372 erhalten.

9 Dazu jüngst konzise zusammenfassend Kintzinger, Studium in Paris und Bologna.

10 Brandt, Excepta facultate theologica.

11 Die Rahmendaten zu den Universitätsgründungen finden sich bei Rashdall, Universities of Europe 1–3, über die deutschen Universitäten ebd. 2, S. 211–288. Zusammenfassend seitdem: Koller, Universitätsgründungen; Seibt, Von Prag bis Rostock; Borst, Krise und Reform.

*Abb. 10: Einzug der Prager Studenten 1409 in Leipzig. Historische Inszenierung von 1909.*

*Abb. 11: Einzug der Prager Magister 1409 in Leipzig. Historische Inszenierung von 1909.*

welle eine weitere in der zweiten Hälfte des 15. Jahrhunderts unterschieden[12], doch sei anstelle einer weiteren kleinteiligen Aufzählung, die von Greifswald über Tübingen bis Frankfurt an der Oder führen müßte, besser grundsätzlich darauf hingewiesen, daß das Bild von den Gründungswellen mehr verdeckt als erklärt. Denn es gab keine zentrale Planung mit dem bildungspolitischen Ziel, Mitteleuropa mit einem Netzwerk Hoher Schulen auszustatten, die vermeintlichen Wellen erfaßten Mitteleuropa auch nicht einigermaßen gleichmäßig, sondern es handelt sich um ein erst von Historikern konstruiertes Gesamtbild anhand einzelner Universitätsgründungen. Jede Gründung aber fordert eine neue und eigene Erklärung, war sie doch das Ergebnis vielgestaltiger Vorgänge. Universitäts-, Schul- und Bildungsgeschichte sind eben stets in ihren territorialen und lokalen Kontexten, in ihren landesgeschichtlichen Bezügen zu deuten.[13]

Dem Vorbild König Karls IV. in Prag folgten mit einigem zeitlichen Abstand mächtige Landesfürsten wie die Habsburger oder die Pfalzgrafen bei Rhein, aber auch große Städte wie Erfurt und Köln, indem sie seit der zweiten Hälfte des 14. Jahrhunderts Universitäten gründeten. Legt man struktur- und bildungsgeschichtliche Kriterien zugrunde, hätte die erste Universität Mitteleuropas nicht in Prag, sondern in Köln oder Erfurt entstehen müssen. Köln ist das gesamte Mittelalter hindurch in Deutschland der große urbane Sonderfall gewesen, herausragend durch Verkehrslage, Wirtschaftskraft, Bevölkerungszahl, nicht zuletzt aber auch durch Anzahl und Bedeutung geistlicher Gemeinschaften und den Rang der damit verbundenen Studien. Im

etwas kleineren Maßstab verkörpert Erfurt seit dem 13. Jahrhundert den urbanen Sonderfall Mitteldeutschlands als ein wirtschaftliches und kirchliches Zentrum, als eine Stadt, die zwar kein Bischofssitz war, faktisch aber alle Strukturelemente einer solchen »civitas« aufwies. Erfurt zeigt, daß man mit generellen Urteilen über ein kulturelles Süd-Nord- bzw. West-Ost-Gefälle im späten Mittelalter vorsichtig sein muß. In der Chronologie ist die Universität Erfurt mit deutlichem Abstand hinter der Hohen Schule in Prag zu verorten, jedenfalls wenn man auf das Ausstellungsdatum des Universitätsprivilegs blickt und damit einseitig rechtlich-strukturelle Aspekte betont. Tatsächlich aber war Erfurt, wie es Sönke Lorenz provokativ formuliert hat, »die älteste Hochschule Mitteleuropas«.[14] Diese Erfurter Bildungsanstalt vor Privilegierung der Universität verdiene das Prädikat »einzigartig«, sei aber – so Lorenz weiter – kaum bekannt, denn sie habe »in den schriftlichen Quellen des späten Mittelalters nur recht einseitige Spuren hinterlassen, die besonders für den an Institutionengeschichte Interessierten auf den ersten Blick enttäuschend erscheinen«; es gibt keine Matrikeln, Statuten, Fakultätsakten, sondern nur die zahlreichen Spuren der Vorlesungen und Disputationen in den Handschriften.[15]

Diese Handschriften aber zeugen von z. T. namhaften Lehrern wie beispielsweise Konrad von Megenberg (1309–1374), der in seiner »Ökonomik« auf den Status des Erfurter Generalstudiums eingeht und beklagt, man habe dort zwar der Sache nach Magister werden, habe aber in Ermangelung eines päpstlichen Privilegs diesen akademischen Grad nicht erwerben können.[16]

12 Siehe dazu die Beiträge in: Attempto – oder wie stiftet man eine Universität.

13 Exemplarisch für Leipzig die Beiträge in: Universitätsgeschichte als Landesgeschichte.

14 Lorenz, Erfurt – die älteste Hochschule Mitteleuropas?; ders., Erfurter »Studium generale artium«; ders., »Studium generale Erfordense«.

15 Lorenz, Erfurt – die älteste Hochschule, S. 139.

16 Ebd., S. 140. - Konrad von Megenberg (1309–1374) und sein Werk.

Dieser vermeintliche Mangel des Erfurter Studiums wog im 14. Jahrhundert freilich weniger schwer, als er im Nachhinein erscheinen mag, verließen die allermeisten Studenten eine Hohe Schule doch ohnehin nach einigen Semestern ohne einen Abschluß. Der Begriff »Studienabbrecher« ginge an den Realitäten des mittelalterlichen Universitätsbetriebes vorbei.

Der Aufstieg der Universität Prag leitete den Niedergang der Erfurter Studiums ein, oder genauer gesagt: der Aufstieg Prags wurde erst durch Erfurter Magister möglich, die abgeworben wurden, wie beispielsweise der relativ bekannte Heinrich Totting von Oyta. Die Studenten zogen nach, so daß sich der Niedergang des Erfurter Studiums seit etwa 1370 abzuzeichnen begann.[17] Vor diesem Hintergrund wird besser verständlich, warum man sich erst 1379 in Erfurt ein päpstliches Universitätsprivileg besorgte. Es sollte nicht lange dauern, bis freilich auch Prag wieder Lehrkräfte an andere Universitäten verlor, was in einer zunehmend dichter werden Universitätslandschaft auch gar nicht verwundern kann. Tatsächlich hatte Prag nur für kurze Zeit quasi eine Monopolstellung als privilegierte Hohe Schule in Mitteleuropa einnehmen können, büßte diese Rolle aber schon kaum zwei Jahrzehnte nach der Gründung allmählich wieder ein. Die Fundation Wiens 1365 gab dazu den Startschuß.

Die vermeintliche Erfolgsgeschichte der Prager Universitätsgründung läßt sich noch weiter relativieren. Aus der Bedeutung des Studiums und seines überregionalen Einzugsbereiches erwuchs seit dem späten 14. Jahrhundert nämlich ein gravierendes Problem durch das zunehmend schwierigere Verhältnis von Deutschen und Tschechen an dieser Universität. Ähnlich wie in Polen grenzte man sich auch in Böhmen im späten Mittelalter zunehmend von den Deutschen ab, die in diesen Ländern seit der hochmittelalterlichen Ostsiedlung bekanntlich auf dem Land, vor allem aber in den Städten eine starke Stellung einnahmen. Dieser Selbstfindungsprozeß berührte nun aber auch das Verhältnis zu den Deutschen, die aus den Nachbarländern an die Universität Prag kamen.[18]

Nach dem Vorbild der Universität Paris beruhte auch die Prager Universitätsverfassung auf der sogenannten Nationengliederung, worunter natürlich keine Nationen im modernen Sinn zu verstehen sind. Vielmehr war der Einzugsbereich des Studiums (wohl erst seit 1360) recht grob in eine Böhmische, eine Bayerische, eine Sächsische und eine Polnische Nation eingeteilt. Zu letzterer gehörten nicht nur Polen und Litauen, sondern auch der mitteldeutsche Raum. Nach dieser Nationengliederung wurden die Studenten nicht nur in die Matrikel eingetragen (die für die Universität Prag leider verlorengegangen ist), sondern nach diesem Prinzip funktionierte die Universität oder – präziser – die Dreifakultenuniversität der Artisten, Theologen und Mediziner, denn die Juristen bildeten in Prag seit 1372 eine eigenständige Universität.

Die Nationenverfassung betraf deshalb das innere Leben der Universität. Eine nationale Konkurrenz kündigte sich erstmals 1384 an, als es zum Streit um die Besetzung der Magisterstellen im Collegium Carolinum (Abb. 9) kam, denn diese Planstellen für das Lehrpersonal an der Universität (den heutigen Professuren vergleich-

17 Lorenz, Erfurt – die älteste Hochschule, S. 140.
18 Graus, Nationenbildung.

bar) wurden nach bestimmten Regeln zwischen den vier Universitätsnationen verteilt, so daß die nur in der Böhmischen Nation vertretenen Tschechen benachteiligt waren. Daß allein zwischen 1384 und 1392 von der Universität Prag mindestens 158 Magister oder graduierte Scholaren an die Universitäten Heidelberg, Köln, Erfurt und Wien abgewandert sind, dürfte hiermit zusammenhängen.[19]

Der Streit um die Verteilung der Kollegiatenplätze im Karlskolleg war zwar seit 1390 beigelegt, doch verschlechterte sich das Verhältnis tschechischer und deutscher Magister nun zunehmend aufgrund akademischer Lehrstreitigkeiten, die schließlich über die Universität hinaus wirkten. Eine Gruppe tschechischer Magister, unter ihnen Jan Hus, berief sich auf Schriften des Oxforder Theologen John Wyclif, während die deutschen Magister mehrheitlich Wyclif-Gegner waren. Zwei Denkschulen standen sich gegenüber: hier die Anhänger des »Realismus«, die sich auf Wyclif bezogen, und Gegner, die dem »Nominalismus« oder zumindest dem gemäßigten »Realismus« anhingen; die Tatsache, daß einzelne Lehrsätze Wyclifs als häretisch galten, spielte dabei zunächst nur eine Nebenrolle. Anfang des 15. Jahrhunderts eskalierten die Auseinandersetzungen. Die tschechischen Magister konnten sich die Krise des böhmischen Königtums unter Wenzel IV. sowie die Konzilsfrage im Großen Abendländischen Schisma zu Nutze machen und brachten den Herrscher dazu, im Kuttenberger Dekret vom 18. Januar 1409 das Stimmengewicht der vier Universitätsnationen zugunsten der Böhmischen Nation zu verändern.[20]

Der Ablauf der Ereignisse, die in der ersten Hälfte des Jahres 1409 in Prag zur Abwanderung zahlreicher deutscher Magister und Scholaren geführt haben, ist gut erforscht und bekannt.[21] Die Anzahl der abwandernden deutschen Magister und Scholaren wird auf 500 bis 800 geschätzt, womit die Dreifakultätenuniversität Prag einen erheblichen Aderlaß erlitt. Das Kuttenberger Dekret hatte die deutschen Magister und Studenten am 6. Februar zu einem geharnischten Protest bei König Wenzel IV. veranlaßt. Sie verbanden sich zudem durch einen Eid und wollten Prag lieber verlassen, als den Verlust ihrer Privilegien hinzunehmen. Am 9. Mai wurden die deutschen Magister gezwungen, die Universitäts- und Fakultätsinsignien herauszugeben. Der Rektor der Dreifakultätenuniversität, Henning Boltenhagen aus Hildesheim, und der Dekan der Artistenfakultät, der Westfale Albert Varrentrapp, wurden für abgesetzt erklärt.[22] In den folgenden Wochen sind die deutschen Magister und Studenten deshalb aus Prag abgezogen, wobei sich keineswegs alle gleichzeitig auf den Weg machten, manche erst später nach Leipzig kamen oder sich überhaupt an eine andere Universität begaben. Welche Universitätslehrer damals woher und mit welcher Qualifikation nach Leipzig kamen, darüber gibt im einzelnen die Prosopographie im folgenden Kapitel Auskunft. Was in dieser Zeit geschehen ist, wie es zur Entscheidung gekommen ist, in Leipzig eine Universität zu gründen, entzieht sich unserer Kenntnis. Die wenigen erzählenden Quellen schweigen sich darüber aus, und Selbstzeugnisse, die uns Einblicke in die Überlegungen der Protagonisten geben würden, fehlen ganz.

19 Schumann, »nationes«, S. 126–154 mit Namenslisten.
20 Die Ausfertigung des Kuttenberger Dekrets ist verloren, weshalb die Drucke auf dem Notariatsinstrument von 1414 September 18 beruhen, abgebildet bei Bünz, Gründung, S. 25. Ediert u. a. in: Documenta Mag. Joannis Hus, S. 347 f., Nr. 10, und in: M. Jana Husi korespondence, S. 199–202, Nr. 83.
21 Vgl. Šmahel, Hussitische Revolution 2, S. 788–832 (»Der Kampf um Wyclif und die Stimmenmehrheit an der Universität«). – Šmahel/Nodl, Kutnohorský dekret po 600 letech. – Siehe künftig auch die Beiträge in: Universitäten, Landesherren und Landeskirchen.
22 Über Varrentrapp nun Bünz, Ein Leipziger Professor, passim. Siehe auch Abb. 3.

*Abb. 12: Bronzegrabmal Kurfürst Friedrichs I. (IV.), des Streitbaren, von Sachsen († 1428), des Gründers der Universität Leipzig, im Dom zu Meißen, gegossen in einer Nürnberger Werkstatt um 1440.*

Die Auseinandersetzungen an der Prager Universität sind das Symptom eines langgestreckten Wandels, einer Krise von Staat, Kirche und Gesellschaft im Königreich Böhmen, die dann in der Hussitischen Revolution kulminieren sollte. Mit dem Kuttenberger Dekret hatten die tschechischen Magister 1409 ihr Ziel erreicht, die deutschen Magister an der Dreifakultätenuniversität Prag ihrer Einflußmöglichkeiten zu berauben. Unter dem unmittelbaren Eindruck der Ereignisse brachte Jan Hus dies in einer Predigt in der Prager Bethlehemskapelle zum Ausdruck: »Meine Kinder, gelobt sei der allmächtige Gott, daß wir die Deutschen ausgeschlossen haben! Wir haben ein Ziel, für das wir eingetreten sind, und wir sind Sieger!«.[23] Nach 1409 eskalierten die Auseinandersetzungen in Prag allerdings, und der Nationalitätenstreit wurde zu einem Glaubensstreit, der in die Hussitische Revolution einmünden sollte. Das Konstanzer Konzil, das Jan Hus 1415 den Prozeß machte, zum Ketzer verurteilte und hinrichten ließ, hat der Universität Prag 1417 ihre Privilegien entzogen. Seitdem bestand in Prag nur noch eine Artistenfakultät mit regionalem Einzugsbereich.

Alle Universitätsgründungen des 14. Jahrhunderts – Prag wie Wien, Heidelberg wie Köln – bedurften einer längeren Startphase.[24] Vielfach liegen – wie in Prag von der Gründung 1348 bis zur Stiftung des Collegium Carolinum 1366, ebenso in Wien zwischen der Privilegierung 1365 und der Stiftung des herzoglichen Kollegs 1384 – etliche Jahre bzw. Jahrzehnte zwischen der Privilegierung und der eigentlichen Ausstattung, welche die Universität erst arbeitsfähig gemacht hat. Dabei blieben auch Universitäten auf der

Strecke, wie die 1402 gegründete bischöfliche Hochschulgründung in Würzburg zeigt. In der Bischofsstadt am Main kam der Studienbetrieb nach gut einem Jahrzehnt mangels Ausstattung wieder zum Erliegen.[25]

Die Alma mater Lipsiensis hingegen bedurfte keiner langwierigen Gründungsphase. Ohne lange Umschweife lief sogleich der Lehrbetrieb an. Am 24. Oktober wurde der Magister Heinrich Bernhagen zum ersten Dekan der Artistenfakultät gewählt. Im November 1409 wurden die ersten 22 Bakkalare und 18 Magister promoviert.[26] Von zwei Studenten, die im ersten Leipziger Semester unter dem Rektorat des Johannes Ottonis von Münsterberg immatrikuliert wurden und die bereits im Wintersemester 1410/11 das Bakkalaureatsexamen ablegen konnten, sind sogar die Belegzettel erhalten, auf denen sie die besuchten Lehrveranstaltungen, die von den Statuten gefordert wurden, nachgewiesen haben. Diese erst vor kurzem entdeckten »cedule actuum« sind neben den Matrikeln die ältesten Dokumente des laufenden Leipziger Universitätsbetriebes (Abb. 14 u. 20).[27]

Der Erfolg der Leipziger Universitätsgründung ist von dem Mißerfolg der Prager nicht zu trennen. Die Abwanderung der Prager Magister lieferte eine leistungsfähige, eingespielte Gründungsmannschaft, die - sozusagen aus dem Stand - einen funktionierenden Universitätsbetrieb aufnehmen konnte, wobei sich dieser ja nicht nur im Abhalten von Lehrveranstaltungen, der Durchführung von Examina und der Erledigung der (damals noch recht geringen) administrativen Aufgaben erschöpfte, sondern vielfältige Verpflichtungen der Magister in den

23 »Pueri, laudetur deus omnipotens, quia Teutonicos exclusimus; et habemus propositum, pro quo institimus, et sumus victores«, zitiert nach Šmahel, Hussitische Revolution 2, S. 838.
24 Siehe dazu vergleichend Schubert, Motive und Probleme.
25 Siehe die Beiträge in: Vom Großen Löwenhof zur Universität Würzburg.
26 CDS II, Bd. 16, S. 89 (Wahl des Dekans) und S. 90 f. (Promotionen).
27 Vgl. Stewing, Vier studentische Belegzettel, mit Edition der Belegzettel des Gregor Werdermann aus Garz (S. 69/74), der vorher auch in Erfurt studiert hatte, und des Johannes de Weissbach (S. 74 f.).

*Abb. 13a–b: Grabmal Markgraf Wilhelms II. († 1425), des Mitbegründers der Universität Leipzig, in der Stiftskirche St. Georg zu Altenburg (Thüringen). Grabdeckel und geöffneter Zustand.*

Kollegien und Bursen der Universität einschloß. Solange der Bursenzwang in Leipzig herrschte, hatten sich die Studenten einem Magister anzuschließen, mit dem und unter dessen Kontrolle sie dann im Kolleg oder in der Burse, einer Art Studentenwohnheim, lebten, lernten und zumeist erfolgreich zum Examen geführt wurden.

Wahrscheinlich haben neben den beiden Kollegienhäusern, die 1409 bezogen wurden, von Anfang an auch schon Bursen bestanden, ansonsten wäre es in Leipzig, das um 1400 etwa 5.000 Einwohner hatte, doch gar nicht möglich gewesen, die zahlreichen Studenten unterzubringen (Abb. 15). In den ersten beiden Semestern haben

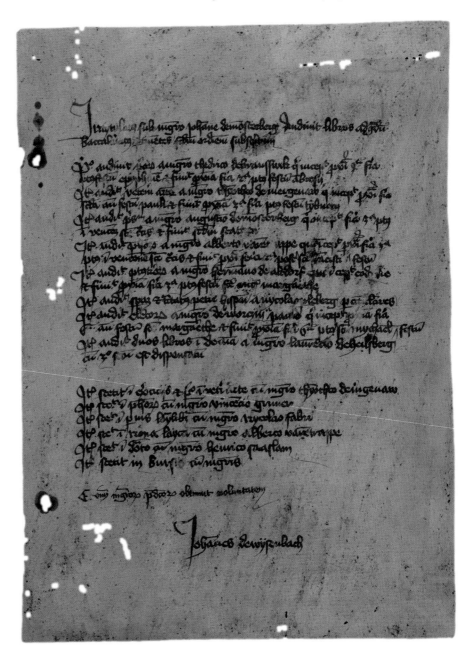

*Abb. 14: Eines der ältesten Studiendokumente der Universität Leipzig, der Belegzettel des Johannes de Weissbach aus dem Wintersemester 1410/11. Zeitz, Stiftsbibliothek, Cod. 2° Ms. chart. 45.*

sich allein 507 Studenten eingeschrieben, und in den folgenden zwei Jahren kamen noch einmal 238 bzw. 219 hinzu, so daß die Gesamtzahl der Studierenden (Frequenz), die sich gleichzeitig an der Universität aufgehalten hat, fast 1.000 betragen haben dürfte.[28] Aus der Matrikel, der diese Zahlen entnommen sind, ergibt sich als Gesamtbild, daß die Universität Leipzig zwischen 1409 und 1505 mit 15,1 % der Reichsfrequenz meist den zweiten Rang hinter Wien behauptete, dabei freilich dicht gefolgt und zeitweilig sogar überflügelt von Erfurt, Köln und Löwen.[29] Leipzig bewegte sich folglich von Anfang an in der Spitzengruppe der deutschen Universitäten.

Jede Universitätsgründung hat eine personengeschichtliche und eine institutionengeschichtliche Seite. Wie viele Prager Magister haben 1409 ihre Tätigkeit in Leipzig aufgenommen?[30] Die Antwort hängt davon ab, welche Kriterien man zugrunde legt. 1409 sicher anwesend waren 28 Prager Magister, doch wuchs ihre Zahl im folgenden Jahr.[31] Außerdem gab es Magister, die von Prag zunächst an eine andere Universität gingen, dann aber nach Leipzig kamen. Und es gab natürlich auch einige wenige, die überhaupt von anderen Universitäten kamen. Selbst ein Pariser Magister (Albert Widenbach) war darunter, doch muß man einräumen, daß diese älteste Universität nördlich der Alpen seit dem Ausbruch des Großen Abendländischen Schismas (1378) erheblich an Glanz verloren hatte. Die Idee, in Leipzig eine Universität zu gründen, ist höchstwahrscheinlich aus dem Kreis der sezessionsbereiten Prager Magister gekommen. Ein Teil wurde von anderen Universitäten auf-

genommen, aber man muß sich die Dimensionen der Prager Sezession vor Augen führen, um zu verstehen, daß es zu einer Universitätsneugründung gar keine Alternative gegeben haben dürfte. Allein in Wien und Erfurt, Heidelberg oder Köln konnten die abgewanderten Magister nicht Aufnahme finden.[32] Der Löwenanteil kam in Leipzig unter (Abb. 11).[33] Die eigentliche Leistung der wettinischen Landesherren bestand wohl darin, daß sie die Gunst der Stunde erkannten und die Mehrzahl der Prager Magister an Leipzig banden.

Die Bedeutung der Universitätsgründung für die Stadt Leipzig kann man schwerlich überschätzen. Anders als etwa in Köln oder Erfurt, wo es schon seit langem Schulen in kirchlicher und städtischer Trägerschaft gab, verfügte Leipzig vor 1409 über keine nennenswerten institutionellen Grundstrukturen des Bildungswesens, die eine Universitätsgründung erleichtert hätten. Ganz im Gegenteil zeigt die Leipziger Schulgeschichte selbst im sächsischen Vergleich einen merkwürdigen Rückstand, wofür die spezifischen Gründe wohl im Kirchenwesen der Stadt mit der beherrschenden Position des Propstes des Thomasstiftes zu suchen sind.[34] Die Stiftsschule von St. Thomas blieb bis zur Universitätsgründung die einzige Bildungseinrichtung in Leipzig, die auch Laien, also beispielsweise Bürgersöhnen, offenstand. Das päpstliche Privileg zur Gründung einer städtischen Schule, welches sich der Leipziger Rat 1395 in Rom besorgt hatte, blieb - aus welchen Gründen auch immer - ungenutzt. Erst Ende des 15. Jahrhunderts wurde von den Ratsherren wieder die Gründung einer Stadtschule betrieben, die 1512 schließlich zur Eröffnung der

28 Die Studentenzahlen lassen sich aus der Matrikel ermitteln, hier CDS II, Bd. 16, S. 25–40.

29 Schwinges, Deutsche Universitätsbesucher, S. 109. - Meuthen, Die alte Universität, S. 31.

30 Siehe die Prosopographie im vorliegenden Band.

31 Siehe die Nachweise im prosopographischen Teil in Kapitel I. 3.

32 Schumann, »nationes«, S. 183–205.

33 Schumann, »nationes«, S. 184 zählt für 1409–1411 in Leipzig 194 Prager, in Erfurt 22, in Wien 19, in Köln 3 usw.

34 Bünz, Die mitteldeutsche Bildungslandschaft; ders., Schulen im Umfeld.

Nikolaischule führen sollte. Aus schulgeschichtlicher Sicht hätte es 1409 viel näher gelegen, die Universität in der wettinischen Residenzstadt Dresden zu gründen, die bereits um 1400 mit der Kreuzschule über eine überregional bedeutende und anspruchsvolle Bildungseinrichtung verfügte, die weit über eine Trivialschule hinausreichte.[35] Ob hier die Entscheidung der Markgrafen von Meißen als Universitätsgründer *gegen* ihre Residenzstadt Dresden oder das Plädoyer des Leipziger Rates *für* ihre Handelsstadt den Ausschlag gaben, ob vielleich auch die Prager Magister bestimmte Vorstellungen *über* die Standortwahl äußerten und deshalb für das verkehrsmäßig günstiger als Dresden gelegene Leipzig plädierten, wissen wir nicht.

Die Gründung der Universität Leipzig fiel in eine kirchenpolitisch schwierige Zeit. Das christliche Europa war seit 1378 zwischen zwei Päpsten in Rom und Avignon gespalten. 1409 wurde ein Konzil nach Pisa einberufen, um dieses Schisma zu beenden. Die Kardinäle wählten am 26. Juni Petrus Philargi, den Erzbischof von Mailand, zum Papst. Er nannte sich Alexander V. und wurde am 7. Juli 1409 inthronisiert. Die Wettiner Friedrich IV. und Wilhelm II. hatten Nikolaus Lubich, der seit 1406/07 als Protonotar Leiter ihrer Kanzlei war, zum Pisaner Konzil gesandt.[36] Dazu mag ihn auch qualifiziert haben, daß er mit den Verwaltungspraktiken der päpstlichen Kurie vertraut war, weil er 1389 bis 1401 in Rom als Prokurator gewirkt hatte. Nikolaus Lubich wurde am 7. Mai 1409 als Konzilsteilnehmer in Pisa inkorporiert, und am 5. Juni hat er die Verurteilung und Absetzung des römischen Papstes Gregor XII. in Pisa unterschrieben.[37] Lubich ist übrigens 1411 aus

dem landesherrlichen Dienst ausgeschieden, weil er zum Bischof von Merseburg gewählt wurde. Damit übernahm er auch das Amt des Kanzlers der Universität Leipzig. 1431 ist Nikolaus Lubich als Merseburger Bischof gestorben.

Man wird in Nikolaus Lubich den Mann erblicken dürfen, der auf dem Konzil vom neu gewählten Papst das Privileg für das Generalstudium in Leipzig erwirkt hat. Daß er von vornherein dorthin geschickt wurde, um das Universitätsprivileg zu erlangen, ist allerdings schon aus chronologischen Gründen ausgeschlossen, denn die deutschen Magister und Scholaren haben Prag erst nach der gewaltsamen Absetzung des Rektors und des Dekans der Artistenfakultät am 9. Mai verlassen; damals war Lubich gerade in Pisa eingetroffen. Man wird davon ausgehen können, daß seit Mai 1409 intensive Beratungen zwischen den Prager Magistern, den Landesherren bzw. ihren Vertretern und vermutlich auch dem Leipziger Stadtrat, der den Magistern schon Anfang Juli 1409 ein Haus zur Verfügung gestellt hatte, stattgefunden haben.[38]

Ein päpstliches Privileg war für die Universitätsgründungen vor der Reformation praktisch unverzichtbar, weil nur der Papst als supranationale Gewalt der Universität überregionale Anerkennung verschaffen, die seit Paris und Bologna üblichen Rechte und Privilegien eines Generalstudium verleihen (ohne diese freilich im einzelnen aufzuführen) und den an der Universität Graduierten durch Gewährung der »licentia ubique docendi« eine überregionale Wirksamkeit gewähren konnte.[39] Hierin wie in dem zumindest dem Anspruch nach grenzenlosen Einzugsbereich fand die seit dem 13. Jahrhundert übli-

35 Siehe zuletzt Stanislaw-Kemenah, Kirche, geistliches Leben und Schulwesen, S. 234–240.

36 Über ihn zuletzt Lücke, Nikolaus Lubich, und Vogtherr, Kanzler der Wettiner, S. 190 f.

37 Vincke, Briefe zum Pisaner Konzil, S. 180, Nr. 25.

38 Dieses Haus, das der Stadtrat am 4. Juli 1409 von Hans Schlosser und seiner Frau erworben und den »Meistern der Künste« geschenkt hat, lag in der Petersstraße »und ist das erste bekannte Gebäude, das der zukünftigen Universität zur Verfügung gestellt wurde«: Kusche/Steinführer, Bauten der Universität, S. 15.

39 Zur Bedeutung der päpstlichen Privilegierung Schubert, Motive und Probleme, S. 17–21.

che Bezeichnung der Universitäten als »studium generale« ihren beredten Ausdruck. Dabei ist es selbstverständlich, daß die bloße päpstliche Privilegierung, wie an den relativ zahlreichen nicht realisierten Universitätsgründungen, den sogenannten »paper universities« des 14. und 15. Jahrhunderts ablesbar ist, wirkungslos blieb, wenn die Universitätsgründung nicht vor Ort durch den Landesherrn oder die Stadt betrieben wurde.[40] Erst in der zweiten Hälfte des 15. Jahrhunderts wurde das päpstliche Universitätsprivileg zu einer bloßen Formalität, um den Gründungswillen zu legalisieren, während die Ausstellung eines landesherrlichen Stiftungsbriefs nun von größerer Bedeutung wurde.[41] Obschon auch der römische Kaiser das Recht hatte, Universitäten zu privilegieren, hat dies für die Universitäten im römisch-deutschen Reich keine Rolle gespielt. Erst seit den kaiserlichen Privilegierungen von Frankfurt (Oder) 1500 und Wittenberg 1502 wurde dieser Akt verbindlich.[42] Entsprechend hat sich auch Leipzig nie um ein kaiserliches Universitätsprivileg bemüht. Das vermeintliche Privileg Karls V. von 1548 ist eine Fälschung des 17. Jahrhunderts.[43]

Am 9. September 1409 hat Papst Alexander V. in Pisa die Bulle zugunsten der Universität Leipzig ausgestellt.[44] Wie die meisten Papsturkunden des Mittelalters ist auch das Leipziger Universitätsprivileg nicht das Zeugnis einer zielgerichteten Politik der Päpste, sondern ist auf Bitten der Empfänger ausgestellt worden. Die Grundlage bildet eine Supplik, also die nach den kurialen Kanzleiregeln ausformulierte Bittschrift des Petenten, in diesem Falle der Markgrafen Friedrich IV. und Wilhelm II. von Meißen bzw.

ihres in Pisa agierenden Vertreters Nikolaus Lubich. Der Inhalt einer Papsturkunde beruht stets auf der Verbindung von Vorgaben aus dieser Supplik mit Formularelementen, wie sie von der Papstkanzlei für die verschiedenen Urkundenarten verwendet wurden.[45] Am Anfang des Gründungsprivilegs wird die Stadt Leipzig als »volkreich«, »geräumig«, »in einer fruchtbaren Gegend mit gemäßigtem Klima« gelegen, »mit Nahrungsmitteln für eine große Anzahl von Menschen [...] ausgestattet« gepriesen; die Bewohner seien »kultivierte und wohlgesittete Menschen« und sie lebten unter dem Schutz der Markgrafen »gewöhnlich in Frieden und Sicherheit«, kurzum, alle Umstände seien derart, daß dort »eine Universität blühen« könne. Die vergleichende Betrachtung mit früheren päpstlichen Universitätsprivilegien zeigt, daß dieses Städtelob mit den gleichen Attributen allenthalben aufscheint. Wie schon Anton Blaschka gezeigt hat, wäre es »vergebliches Bemühen, aus dem Städtelob dieser Diplome ein charakteristisches Merkmal herauszulesen, das einmalig und unverwechselbar nur dem einen Ort zukäme«.[46] Die Kunst des Verfassers (Diktators) bestand vielmehr darin, die gängigen Topoi in einer möglichst feierlichen Sprache aneinanderzureihen. An der Formelgebundenheit des Städtelobs ändert auch der Umstand nichts, daß nur im Leipziger Universitätsprivileg den Bürgern »der Vorzug galanter Höflichkeit eingeräumt« und »der *ganzen Stadt* die Funktion einer *alma mater* zugedacht« wird.[47]

Was bietet die Urkunde nun an sachlichem Gehalt? Der Papst genehmigt die Gründung einer Universität mit vier Fakultäten für Theologie,

40 Zu den »paper universities« Rashdall, Universities 2, S. 324–331.

41 Schubert, Motive und Probleme, S. 21.

42 Meyhöfer, Stiftungsprivilegien, S. 302. – Einige wenige frühere Privilegien, die ebd., S. 299–301 verzeichnet werden, blieben entweder wirkungslos oder erweiterten nur die früheren päpstlichen Privilegien.

43 CDS II, Bd. 11, S. 599–601, Nr. 473, siehe dazu Döring, Karls V. angebliches Privileg.

44 Siehe die Edition und Übersetzung in Kapitel II. 1.

45 Daß eine Supplik der Wettiner vorlag, ist u. a. an der Formulierung der Papsturkunde ablesbar, daß »unsere Wünsche in dieser Hinsicht mit den Wünschen derselben Brüder zudem übereinstimmen«.

46 Blaschka, Von Prag bis Leipzig, S. 1006.

47 Ebd., S. 1006 f.

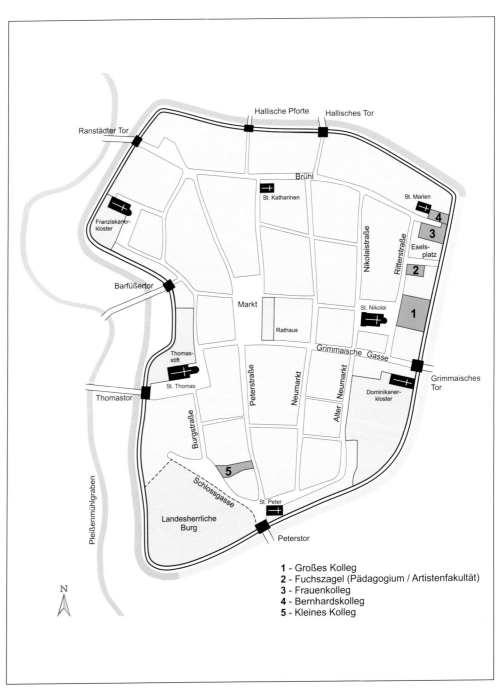

*Abb. 15: Leipzig mit den ältesten Universitätsbauten (1409–1456). Karte: Dana Kasprick.*

Kirchenrecht und Zivilrecht, Medizin und die Sieben Freien Künste. Als Vorbild wird konkret auf die Universität Paris, das mittelalterliche Modell der Magisteruniversität mit vier Fakultäten, und allgemein auf andere Universitäten verwiesen. Eine Theologische Fakultät ist keineswegs immer, seit dem Ausbruch des Schismas 1378 allerdings immer häufiger gewährt worden. Der Papst bestätigt, daß die Markgrafen bislang für 20 Magister, die sich jüngst in Leipzig niedergelassen hätten, »um sich den (Sieben Freien) Künsten und den anderen Wissenschaften zu widmen«, feste Einkünfte zur Verfügung gestellt hätten. Daß die Magister größtenteils von der Universität Prag gekommen waren, wird nicht ausdrücklich erwähnt. Der Papst stattet das »studium generale« mit allen Privilegien, Freiheiten und Immunitäten aus, wie sie anderen Universitäten gewährt worden sind. Über die Verleihung der akademischen Grade (Bakkalar, Magister, Doktor) soll der Bischof von Merseburg wachen und den Graduierten die Lehrbefugnis (»docendi licentiam«) verleihen, die sie in Leipzig oder an anderen Universitäten ausüben können. Untrennbar mit der Verleihung akademischer Grade verbunden ist bereits seit den Anfängen der Universität Paris das Kanzleramt.[48] Deshalb ist es konsequent, daß das Leipziger Universitätsprivileg bestimmt, der Merseburger Bischof, der für Leipzig zuständige Diözesanbischof, solle als Kanzler der Universität Leipzig fungieren und alle Privilegien, Vollmachten und Rechte besitzen, welche die Kanzler anderer Universitäten aufgrund päpstlicher Privilegien besäßen. Seit Anbeginn hat das Kanzleramt seinen geistlichen Charakter bewahren können. Entweder wurde

damit, wie in Erfurt, Freiburg oder eben in Leipzig, der zuständige Diözesanbischof betraut, doch gab es auch Universitäten wie Wien oder Heidelberg, wo dieses Amt der Dompropst innehatte. Wie an den meisten Universitäten wurde auch in Leipzig das Kanzleramt in der Hand des Diözesanbischofs ausgehöhlt, indem die Erteilung der Lizenz faktisch durch einen Vizekanzler erfolgte; formell ernannte der Kanzler jährlich einen Magister, der allerdings von der Artistenfakultät nominiert wurde.[49]

Durch das Kanzleramt des Bischofs war die Universität Leipzig eng mit dem Bistum Merseburg verbunden. Dadurch erklärt sich die Ikonographie des großen Universitätssiegels, das zwar erst als Abdruck an einer Urkunde von 1516 überliefert ist, aber schon 1419 erwähnt wird (Abb. 33). Das Rundsiegel mit einem Durchmesser von 7,8 cm trägt die Umschrift *+sigillum universitatis studii lipczensis*. Im Siegelbild stehen unter einem gotischen Baldachin zwei Heilige, die Schutzpatrone des Bistums Merseburg: rechts der hl. Laurentius mit Rost und Evangelienbuch in Händen, links Johannes der Täufer mit dem Lamm in der Linken.

Die landesherrliche Ordnung (»ordinatio«) vom 2. Dezember 1409 wurde am Tag der feierlichen Eröffnung der Universität Leipzig aufgezeichnet[50], weshalb dieser Tag von der Universität Leipzig als »Dies academicus« begangen wird. Die feierliche Eröffnung der Universität fand im Refektorium des Augustiner-Chorherrenstifts St. Thomas statt (»in refectorio canonicorum regularium cenobii sancti Thome in Lypcz«), wie der Datierung dieser »ordinatio« zu entnehmen ist. Die Universitätsgründer, die Markgrafen Fried-

48 Boehm, Cancellarius Universitatis, besonders S. 703–708.
49 CDS II, Bd. 17, S. LVII und S. LXXXVII–XCIV Auflistung der Vizekanzler.
50 Siehe die Edition und Übersetzung in Kapitel II. 2.

*Abb. 16: Das Neue Kolleg vom Anfang des 16. Jahrhunderts, als letztes Baudenkmal der mittelalterlichen Universität Leipzig 1891 abgerissen.*

rich IV. (Abb. 12) und Wilhelm II. (Abb. 13a-b), waren anwesend, ließen die »Grundordnung« der Universität verkünden und dem an diesem Tag gewählten ersten Rektor übergeben. In der Präambel wird auf das päpstliche Gründungsprivileg und dessen detaillierteren Bestimmungen verwiesen. Weiter wird erwähnt, daß die »ordinatio« mit den Bischöfen, Doktoren, Magistern und Prälaten beraten und sie mit Zustimmung der an die Universität berufenen und dort anwesenden Magister erlassen worden sei. Darauf folgen die Einzelbestimmungen der Grundordnung, die Folgendes vorsieht:

1. die Einrichtung von vier Nationen (»Misnenses, Saxones, Bavari et Poloni«). Sie sind in den Gremien der Universität, bei den Prüfungsausschüssen und Einkünften in jeder Hinsicht gleichberechtigt (»per omnia sint equales«). Dies ist zweifellos eine Lehre aus den Prager Erfahrungen und der dort 1385 vereinbarten »concordia nationum«, auch wenn es nicht ausdrücklich ausgesprochen wird.

2. Die Gründung von zwei Kollegien, die sogenannten Fürstenkollegien (»collegia principum«). Die Wettiner haben dafür zwei Häuser geschenkt, in denen die Vorlesungen, Disputationen und akademischen Akte stattfinden sollen. Diese Häuser (und ihre Bewohner) werden von allen städtischen Steuern und Abgaben befreit.

3. Zur dauerhaften Finanzierung von 20 Magistern in den beiden Kollegien haben die Landesherren 500 Gulden jährlich aus ihrer Finanzverwaltung (Kammer) angewiesen. Dem Großen Fürstenkolleg sollen zwölf Magister angehören, von jeder Nation drei, und jeder soll als Gehalt 30 Gulden jährlich erhalten. Einer soll Magister der Theologie sein und 30 Gulden zusätzlich erhalten, also 60 Gulden. Dem Kleinen Fürstenkolleg gehören acht Magister an, von jeder Nation zwei, und jeder bekommt ein Jahresgehalt von 12 Gulden.

4. Eine abschließende Generalklausel sieht vor, daß Veränderungen der Universitätsverfassung der Entscheidung und Einwilligung der Landesherren unterliegen sollen. Die Verfassung der Universität wurde 1410 mit ersten Statuten geregelt, welche vor allem das Rektorat (§ 1–9), die Universitätsnationen (§ 10), den Rat der Universität (§ 11) und die Bediensteten (§ 12) betrafen.[51] Dabei hat man sich weitgehend

51 Ediert von Zarncke, Statutenbücher, S. 48–53. Siehe dazu auch ders., Urkundl. Quellen, S. 600 f.
52 Statuta universitatis Pragensis.

am Vorbild der Prager Statuten von 1368 orientiert[52], was nicht überraschen kann.

Die materielle Ausstattung der Universität Leipzig ging über das hinaus, was bislang bei Universitätsgründungen üblich war, und vor allem: sie wurde sofort zur Verfügung gestellt. Die Schenkung von zwei Häusern für die beiden Fürstenkollegien und die Einrichtung von 20 Magisterstellen mit insgesamt 500 Gulden Jahreseinkünften stellte die Universität auf eine sichere organisatorische und materielle Grundlage.[53] Nicht zu vergessen ist auch das dritte Gebäude, welches die Universitätsmagister bereits im Juli 1409 von der Stadt Leipzig erhalten hatten. In Prag, Wien und Heidelberg hatte es nach dem Gründungsakt Jahrzehnte gedauert, bis Kollegien eingerichtet wurden: in Prag 1366 das Collegium Carolinum mit 12 Magisterstellen, in Wien 1384 das Collegium ducale mit 12 Kollegiaturen für Magister und in Heidelberg 1396 das Collegium artistarum mit sechs Magisterstellen.[54] In Leipzig mußte man 1409 hingegen schnell eine Lösung finden, um zumindest einen Teil der aus Prag gekommen Magister materiell abzusichern. Die anfängliche, zeitlich auf vier Jahre begrenzte Begünstigung der Sächsischen Nation im Kleinen Fürstenkolleg dürfte damit zu erklären sein, daß der Anteil der Magister dieser Nation verhältnismäßig stark und damit einflußreich war. Entsprechend gehörte der erste Dekan der Artistenfakultät, Heinrich Bernhagen, ein Prager Magister, der Sächsischen Nation an.[55] Die »ordinatio« vom 2. Dezember schließt die Leipziger Universitätsgründung formell ab, die mit dem päpstlichen Universitätsprivileg eingeleitet wurde. Von den Gebäuden der spätmittelalterlichen

Abb. 17: Innenhof des Neuen Kollegs vor dem Abriß 1891.

Universitätskollegien, deren innere Verhältnisse durch die »ordinatio« geregelt wurden, ist leider nichts erhalten geblieben; schon Ende des 19. Jahrhunderts stand nur noch das Neue Kolleg, das zu Beginn des 16. Jahrhunderts errichtet worden war (Abb. 16–17).

Im Gegensatz zum päpstlichen Gründungsprivileg befindet sich die zweite Urkunde Papst Alexanders V., das am 19. Dezember 1409 in Pistoja ausgestellte Konservatorium, wohl seit Anfang an im Universitätsarchiv.[56] Die Bestellung von Konservatoren ist ein spezifisches Instrument der päpstlichen Gerichtsbarkeit seit dem 12. Jahrhundert und hat sich im 13. Jahrhundert fest etabliert. Seit Papst Gregor IX. bezeichnete »conservator« einen »Kleriker, der vom Papst mit dem Schutz der Güter und Privilegien be-

53 Vgl. zu allen hier nur angerissenen Fragen nun eingehend Kusche, Ego collegiatus. Die Arbeit enthält auch Viten aller als Kollegiaten nachweisbaren Leipziger Universitätslehrer.
54 Vgl. Seifert, Universitätskollegien, S. 362 f., und Wagner, Universitätsstift und Kollegium.
55 CDS II, Bd. 17, S. 89. – Schumann, »nationes«, S. 187.
56 Siehe die Edition und Übersetzung in Kapitel II. 3.

stimmter Personen beauftragt und dazu mit gewissen Vollmachten ausgestattet wurde«.[57] Als Konservatoren konnten nur Bischöfe, Äbte sowie Inhaber von Dignitäten und Personaten in Dom- und Kollegiatstiften benannt werden. Die Vollmachten der Konservatoren beschränkten sich darauf, bei offenkundigen Rechtsverletzungen und Gewalttaten einzuschreiten. Angelegenheiten, die eine gerichtliche Untersuchung erforderlich machten, durften sie nicht an sich ziehen, damit durch ihre Tätigkeit nicht die ordentliche Gerichtsbarkeit der Diözesanoberen beeinträchtigt wurde. Strenge Regeln begrenzten auch die Fälle, die außerhalb der Diözese des Geschädigten durchgeführt werden durften.[58]

Fast alle Universitäten des Mittelalters haben geistliche Konservatoren gehabt. Warum sich die Universität Leipzig die »littera conservatoria« Papst Alexanders V. erst mehrere Monate nach Ausstellung des Gründungsprivilegs besorgt hat, ist unklar. Allerdings haben sich offenbar alle Universitäten, für die ein Konservatorium überliefert ist, dieses erst im Nachgang zur päpstlichen Privilegierung beschafft.[59] Möglicherweise haben die Wettiner im Sommer 1409 keine Notwendigkeit gesehen, der Universität über das Gründungsprivileg hinaus weitere päpstliche Urkunden zu verschaffen, zumal dies weitere Kosten verursacht hätte und die Zeit angesichts der bereits in Leipzig anwesenden Magister drängte.[60] Aber das ist nur eine Vermutung. Nimmt man die Urkunde beim Wort, müßte die Bedrohung der Universität, ihrer Rechte und Einkünfte durch zahlreiche geistliche und weltliche Herrschaftsträger die Veranlassung für die Ausstellung geboten haben, aber

daß der Text hochgradig stilisiert ist, zeigt schon die Aufzählung der Universitätsbesitzungen und -einkünfte, darunter angeblich Burgen, Dörfer und andere Ortschaften (»castra, villas et alia loca«). Mit der Realität hat dies nichts zu tun, denn die Universität wurde 1409 neben einigen Immobilien in der Stadt lediglich mit 500 Gulden jährlicher Einkünfte aus der landesherrlichen Kammer ausgestattet, wie die »ordinatio« beweist. Von einer Bedrohung oder Beeinträchtigung der Universität 1409 ist zudem auch anderweitig nichts überliefert.

Der eigentliche Rechtsgehalt der Papsturkunde vom 19. Dezember 1409 besteht darin, daß der Bischof von Merseburg und die Domdekane von Merseburg und von Naumburg als Konservatoren (»conservatores et iudices«) der Universität ernannt werden, und zwar ohne zeitliche Einschränkung, um die Doktoren, Magister und Scholaren der Universität in ihren Rechten zu schützen und zu verteidigen, gegen die Übeltäter mit den Mitteln des Kirchenrechts vorzugehen und gegebenenfalls den weltlichen Arm zur Hilfe zu rufen. Die Bestimmungen zeigen, daß die Konservatoren des 15. Jahrhunderts auch im Besitz der Jurisdiktionsgewalt waren.[61] Die Benennung von drei Konservatoren wie im Falle Leipzigs war weit verbreitet, damit »erforderlichenfalls wenigstens einer der Beauftragten für die Gewährung des angesuchten Schutzes zur Verfügung stand«.[62] Dabei war selbstverständlich stets der jeweilige Amtsinhaber, nicht eine bestimmte Person gemeint. Im 15. Jahrhundert war es im konkreten Fall auch möglich, daß die Konservatoren, wenn sie mit anderen Aufgaben überlastet waren, Subkonservatoren beauftrag-

57 May, Konservatoren, S. 102.

58 May, Konservatoren, S. 110–112.

59 Nachweise bei May, Konservatoren, S. 119–130.

60 So mußte beispielsweise die 1472 gegründete Universität Ingolstadt ihr Konservatorium bezahlen, obschon es der Herzog für sie an der Kurie erwirken ließ. 1475 stellte er der Universität in Aussicht, das Konservatorium und zwei weitere Privilegien für 200 Dukaten erlangen zu können, doch wolle er gegebenenfalls den Preis noch mindern: Schubert, Motive und Probleme, S. 53, Anm. 59.

61 Dazu am Beispiel der Konservatoren der Universität Erfurt im 15. Jahrhundert eingehend May, Konservatoren, S. 213–221.

62 May, Konservatoren, S. 132.

ten. Daß Konservatoren bzw. Subkonservatoren für die Universität Leipzig tätig geworden sind, läßt sich im 15. Jahrhundert mehrfach belegen.[63] Die Quellenlage ist allerdings nicht so günstig wie für die Universität Erfurt, über deren Konservatoren der Kanonist Georg May eine ausführliche Abhandlung vorgelegt hat.[64]

Die Gründung von 1409 hat durch die Einrichtung der Artistenfakultät (die drei höheren Fakultäten sollten etwas später folgen), zwei Magisterkollegien und die Zuweisung einer festen finanziellen Ausstattung eine Universität geschaffen, die sofort funktionsfähig war. Dabei hatten die Erfahrungen früherer Universitätsgründungen, die weniger erfolgreich gewesen waren, offenbar Pate gestanden, und Leipzig konnte zusätzlich davon profitieren, daß die Sezession der deutschen Magister und Scholaren aus Prag der neuen Universität sowohl einen funktionsfähigen Lehrkörper als auch eine große Zahl von Studenten zuführte.

Die Entstehung und Ausbreitung der Universität hat im Laufe des späten Mittelalters zu einem Akademisierungsschub geführt, der sich in seinen bloßen Dimensionen nicht ignorieren läßt. Als der Studienbetrieb in Leipzig 1409 begann, gab es im Norden und Osten Deutschlands noch keine weiteren Universitäten. Erst im Laufe des 15. Jahrhunderts legte sich über Mitteleuropa ein zunehmend dichteres Netz von Universitäten landesherrlicher oder städtischer Gründung. Entsprechend stieg die Zahl der Studenten erheblich an. Allein im deutschen Sprachraum haben von der Mitte des 14. Jahrhunderts bis zur Reformation fast eine Viertelmillion junger Menschen die Hohen Schulen besucht, davon über 38.000 die Universität Leipzig. Von dem 1438 geborenen Ulmer Dominikaner Felix Fabri stammt die bildungsgeschichtlich äußerst bemerkenswerte Feststellung: vor 200 Jahren habe es noch keine Universität in Deutschland gegeben, nun aber, zu seinen Lebzeiten, seien gleich mehrere eingerichtet worden, »so daß man Theologen, Juristen, Legisten, Artisten und kunstfertige Redner habe heranbilden können«. Gewiß übertrieb Fabri, wenn er weiter meinte, daß es heute kein Dorf mehr ohne einen Magister oder Bakkalar gebe, während man diese in seiner Jugend noch für Wundertiere erachtet habe, »und unter tausend clerici konnte man nicht einen finden, der den Sitz einer Universität auch nur gesehen hätte«.[65] Mehr und mehr wirkte nicht nur die Gesellschaft in die Universität, sondern auch die Universität in die Gesellschaft.

63 Nachweise bei May, Konservatoren, S. 127 f.
64 May, Konservatoren, S. 130–247.
65 Zitiert nach Rexroth, Weisheit, S. 432.

# 3. Die Leipziger Magister 1409

1 Ediert von Stewing, Vier studentische Belegzettel, S. 69–75.
2 Die Professoren und Dozenten der Theologischen Fakultät. Vgl. nun aber die Datenbank im Internet: Professorenkatalog der Universität Leipzig – catalogus professorum lipsiensis, der seit 2006 am Lehrstuhl für Neuere und Neueste Geschichte im Historischen Seminar der Universität Leipzig bearbeitet wird, zugänglich unter: http://www.uni-leipzig.de/unigeschichte/professorenkatalog/ (Zugriff 13.12.2009). Siehe dazu nun auch die Beiträge in: Catalogus Professorum Lipsiensis.
3 Kusche, *Ego collegiatus* 2, S. 485–842.
4 Professoren und Dozenten, S. 73–155.

In diesem Personenkatalog werden alle Magister und Doktoren in Kurzviten behandelt, die anläßlich der Eröffnung der Universität Leipzig 1409 ihre Lehrtätigkeit aufgenommen haben oder zumindest dafür vorgesehen waren. Ausgangspunkt dafür bilden die beiden Personenlisten, die am Anfang der Rektorats- bzw. der Artistenmatrikel stehen und als Präsentations- bzw. Magisterliste bezeichnet werden können. Beide Auflistungen, die zusammen 50 Namen nennen, sind 1409 entstanden. Die alphabetische Auflistung erfolgt nach den Vornamen der Magister, da die Verwendung von Nach- und Familiennamen an der Wende vom 14. zum 15. Jahrhundert noch schwankend war. Entscheidend ist die Frage, welche Magister bei der Gründung der Universität 1409 in Leipzig anwesend waren. Neben dem Eintrag in der Matrikel bieten nur die Belegzettel (»cedulae actuum«) der Examenskandidaten, in denen die lehrenden Magister namentlich erwähnt werden, einen sicheren Nachweis, doch sind aus der Frühzeit der Universität bislang nur zwei Belegzettel aus dem Wintersemester 1410/11 bekannt geworden.[1]

Die folgenden Kurzviten sollen die wichtigsten Lebensstationen der Magister dokumentieren, nicht aber erschöpfende Nachweise bieten. Lediglich für die Wirksamkeit an der Universität Leipzig wurde Vollständigkeit angestrebt. Ansonsten werden Einzelbelege der Quellen nur in Einzelfällen nachgewiesen. Detaillierte Angaben bleiben Aufgabe eines Leipziger Professorenkatalogs, den es bislang nur für die Theologische Fakultät gibt.[2]

Gleichwohl kann sich die folgende Übersicht auf einige wichtige Vorarbeiten stützen. Ausführlich und sehr zuverlässig sind die Viten bei Beate Kusche, doch behandelt sie nur jene Magister, die in einem der Universitätskollegien aufgenommen worden sind.[3] Für die Leipziger Theologen liegt mittlerweile auch ein Verzeichnis der Professoren und Dozenten vor.[4] Eine entsprechend umfangreiche Bearbeitung aller Leipziger Universitätslehrer steht noch aus. Ein vollständiges Bild läßt sich nur durch einen Blick auf die bis 1409 an der Universität Prag tätigen Magister gewinnen. Bereits Ernst Gotthelf Gersdorf konnte die Editionen zur Prager Universitätsgeschichte benutzen. Auch Sabine Schumann verweist darauf, allerdings nur selektiv und z. T. auch fehlerhaft. Für die Tätigkeit an der Universität Prag bietet das Repertorium von Josef Tříška den wichtigsten und in vieler Hinsicht grundlegenden Beitrag, doch behandelt er die anschließende Leipziger Station, wenn überhaupt, wesentlich kürzer und vereinzelt auch unzutreffend. Die Angaben von

Gersdorf sind hingegen mehrfach fehlerhaft. Dies gilt in einem noch stärkeren Maße für die sehr oberflächliche Arbeit von Renate Bicherl[5], die angesichts der Grundlagenarbeit von Tříška keine neuen Ergebnisse enthält.

Die Viten der Magister sind nach einem einheitlichen Muster aufgebaut: Name, Herkunft, akademische Wirkungsorte, kirchliche Tätigkeit und Pfründenbesitz, Schriften, Tod und Grab. Der Schwerpunkt liegt auf der Darstellung der Tätigkeit an der Universität Leipzig, wobei zunächst stets die Nennung der Person in der Präsentationsliste von 1409 (abgekürzt PL, siehe Abb. 1)[6] und/oder in der Magisterliste von 1409 (abgekürzt ML)[7] angegeben wird. Sofern akademische Grade dort auf Rasur stehen, also nach 1409 ergänzt oder verändert wurden, werden sie im folgenden kursiv wiedergegeben. Weitere Nachweise über Lehrtätigkeit, Ämter u. a. an der Universität werden in chronologischer Folge angeschlossen. Die Quellen- und Literaturhinweise nennen alle Werke, die für die Viten herangezogen wurden, bieten aber keine erschöpfenden Nachweise, sondern sollen zur weiteren Beschäftigung mit den Viten der Leipziger Magister ermuntern.

### Albert Varrentrapp

Herkunft: Bayerische Nation (Leipzig). Stammt wohl aus Münster.
*Prag:* 1400 Bacc., 1400 Determinator, 1402 Mag. art., 1402 intituliert »in iure«, 1404 Dispensator, 1404–1408 Examinator, 1407 Aufseher über die Statuten, 1408 Kollektor, 1408/09 WS der letzte deutsche Dekan der Artistenfakultät in Prag, am 9. Mai 1409 gewaltsam des Amtes enthoben.

*Leipzig:* 1409 »mag. Albertus Varrentrappe *doctor decretorum*« (PL 21, *Nachtrag*). – »mag. Albertum Warentrapp Bavarum« (ML 20).
1409 Dezember 28 »de natione Bavarorum«, Examinator der Magister.

Seine damalige Lehrtätigkeit in Leipzig ist durch die »cedula actuum« des Johannes von Weißenbach belegt, der sich im WS 1410/11 für die Bakkalaureatsprüfung anmeldet.

Die Universität Leipzig vertritt er 1414 zusammen mit Johannes Ottonis und Petrus Storch auf dem Konstanzer Konzil.

In einem im WS 1424/25 angelegten Verzeichnis der Bayerischen Nation erscheint «Magister Albertus Varrentrapp, doctor in decretis«. Vermutlich gibt dieses Verzeichnis aber keinen einheitlichen Zeitpunkt wieder, denn Varrentrapp war bereits im Oktober 1423 in Köln. Wo er den Doktorgrad erlangt hat, ist unbekannt, wahrscheinlich aber doch in Leipzig.

*Köln:* 1423 Oktober wird er an der Universität Köln intituliert, wo er bis zu seinem Tod 1438 als Dr. decr. lehrt. Er gehört zu den Juristen, die 1426 für Winand von Steeg über die Zollfreiheit des Bacharacher Pfarrweins gutachten und deshalb in der darüber angefertigten Bilderhandschrift mit einem Porträt verewigt werden (siehe Abb. 3). 1433–1435 auf dem Konzil von Basel.

Kirchliche Karriere und Pfründen: 1410 wird er auf zehn Jahre vom Empfang der höheren Weihen dispensiert. 1417 Kanoniker, 1433 Kantor, 1437 Kustos des Lütticher Domkapitels; 1417 Kanoniker, 1422 Kustos des Prager Domkapitels; 1426 Altarist in der Pfarrkirche St. Brigide in Köln; 1430 Kanonikat in St. Andreas zu Köln; 1423–1437 Köl-

5 Bicherl, Magister, S. 102, rechnet z. B. den Magister Johannes Hübner zu den Beteiligten der Auswanderung nach Leipzig, was nicht zutrifft. Vielfach werden die Magister nicht unter ihrem geläufigen Namen aufgeführt. Die angeführten Belege sind durchweg unvollständig. Die medizingeschichtliche Relevanz dieser medizinischen Dissertation erschließt sich dem Leser nicht, waren doch die wenigsten deutschen Magister in Prag Mediziner, siehe die Liste ebd., S. 242.
6 CDS II, Bd. 16, S. 25 f. – Die Angaben dieser Liste geben nicht durchweg den Stand von 1409 wieder, weil die akademischen Grade überwiegend erst später nachgetragen bzw. korrigiert wurden. Siehe dazu Erler, in: CDS II, Bd. 16, S. XLVI f.
7 CDS II, Bd. 17, S. 89 f.

ner Offizial und in diversen anderen geistlichen Funktionen im Erzbistum tätig.

Tod und Grab: Er stirbt 1438 September 30. Seine Bücher hat er der Universität Köln vermacht.

Literatur: Gersdorf, Universität, S. 28, Anm. 21. – Zarncke, Urkundl. Quellen, S. 913. – Zarncke, Statutenbücher, S. 157. – CDS II, Bd. 16, S. XLVI. – CDS II, Bd. 17, S. 91. – Schumann, »nationes«, S. 187. – Bicherl, Magister, S. 197 f. – Schmidt/Heimpel, Winand von Steeg, S. 110. – Tříška, Repertorium, S. 20. – Šmahel, Prager Universität, S. 224, 266, 343. – Bünz, Ein Leipziger Professor, S. 237–248. – Stewing, Vier studentische Belegzettel, S. 75.

### Albert Widenbach

Herkunft: Er stammt aus der Stadt oder der Mark Meißen.

*Paris:* Mag. art. 1408/09 ist »magister Albertus Wedebach seu de Misena« Prokurator der »natio Anglicana (Alamannia)«.

*Leipzig:* 1409 »mag. Albertus Wydenbach« (PL 29). – »mag. Albertum Widenbach de Wissn[...] magistrum Parisiensem« (ML 42).

Er gehört zu den wenigen Magistern der Gründungsgeneration, die nicht aus Prag kamen.

Literatur: Gersdorf, Universität, S. 29, Anm. 29. – Auctarium chartularii Universitatis Parisiensis 1, 2, Sp. 37 f., 46 u. ö.

### Anselm von Frankenstein

Herkunft: Polnische Nation (Leipzig). Stammt aus Frankenstein (Schlesien).

*Prag:* 1381 Bacc., 1405 Lic., 1405 Mag. art. in Prag. Ob er in Prag auch Medizin studiert hat, ist nicht sicher. 1399 letztmalig im «Liber decanorum».

*Leipzig:* 1409 »mag. Anshelmus de Franckensteyn *doctor medicine*« (PL 31, *Nachtrag auf Rasur*).

1410 SS «mag. Anshelmus de Frankenberg« (!) immatrikuliert. Er war also bei der Gründung der Universität noch nicht anwesend. Weitere Nachrichten sind in der universitären Überlieferung nicht enthalten. Sein Name steht nicht in der ersten Doktorenliste der Medizinischen Fakultät, in der mehrere andere Mediziner der Gründungsgeneration genannt sind, doch ist anzunehmen, dass er erst in Leipzig den Doktorgrad erlangt hat.

Literatur: Gersdorf, Universität, S. 29, Anm. 31. – CDS II, Bd. 16, S. XLVII und S. 32 (P 2). – CDS II, Bd. 17, S. 69. – VL 1, Sp. 382–384 (Franz Josef Worstbrock). – Schumann, »nationes«, S. 186. – Bicherl, Magister, S. 213. – Tříška, Repertorium, S. 31. – Šmahel, Prager Universität, S. 136 f. (mit weiteren Literaturangaben).

### Arnold Stalle aus Livland

Herkunft: Sächsische Nation (Prag und Leipzig).

*Prag:* 1404 Bacc. (als »Stoleuoet«?), 1408 Mag. art., 1407 intituliert an der Juristenuniversität.

*Leipzig:* 1409 »mag. Arnoldus de Lyvonia« (PL 44). – »mag. Arnoldum Stalle de Livonia« (ML 41).

1410 Dezember 13 »de nacione Saxonum«, Examinator bei den Bakkalaureatsprüfungen.

1412 Februar 17 Examinator bei den Bakkalaure-atsprüfungen.

Literatur: Gersdorf, Universität, S. 31, Anm. 44. – CDS II, Bd. 17, S. 92 und 94. – Schumann, »natio-nes«, S. 189. – Tříška, Repertorium, S. 36.

## Burkhard Tunzmann aus Balingen

Herkunft: Bayerische Nation (Prag und Leip-zig). Stammt aus Balingen, nennt sich aber auch »de Loffen alias de Balingen«. Der tatsächliche Herkunftsort dürfte folglich Laufen an der Eyach, südöstlich von Balingen, sein.

*Prag:* 1388 Bacc., 1400 Mag. art., 1399 intitu-liert in der Juristenuniversität, 1401–1405 und 1407–1408/09 Examinator und Inhaber weiterer Ämter in der Artistenfakultät, 1406 SS Dekan der Artistenfakultät in Prag. 1405 Propst des Wen-zelskollegs.

*Wien:* »mag. Purckardus Tunczmann de Lauf-fen, alias de Balingen« immatrikuliert sich im SS 1409 in Wien, wo er der Artistenfakultät angehört und liest.

*Leipzig:* 1409 »mag. Burkhardus de Balingen sacre theologie *professor*« (PL 17, *Nachtrag auf Rasur*). – »mag. Burkhardum de Balingen Ba-varum« (ML 16).

Den Grad eines Bacc. theol. wird er wohl aus Prag oder Wien mitgebracht haben, worauf der Eintrag in der Leipziger Präsentationsliste mit dem durch Rasur geänderten Titel hindeutet, aber als Profes-sor der Theologie begegnet er erst 1424/25.

1409 Kollegiat am Großen Kolleg.

1410 September 14 »de natione Bavarorum«, Exa-minator bei den Bakkalaureatsprüfungen.

1410 Dezember 28 Examinator bei den Magister-prüfungen.

1411 April 11 Dekan der Artistenfakultät.

1411 SS Rektor.

1412 Februar 17 Examinator bei den Bakkalaure-atsprüfungen.

1412 September 14 Examinator bei den Bakkalau-reatsprüfungen.

1415 SS Dekan der Artistenfakultät.

In einem im WS 1424/25 angelegten Verzeich-nis der Bayerischen Nation erscheint »magister Burgkhardus de Balingen, sacre theologie pro-fessor«.

Weitere Nachrichten finden sich in der universi-tären Überlieferung nicht. Laut Tříška kommt er 1421 und 1425 als »prof. theol. Lips.« vor.

Kirchliche Karriere und Pfründen: 1416 Nomination für ein Domkanonikat in Naumburg, die aber nicht wirksam wurde. 1427–1431 (†?) Domkanonikat in Meißen, dessen Jahresertrag er auf 20 Gulden veranschlagt.

Tod und Grab: 1431 gestorben. Ein Grab ist im Dom zu Meißen nicht nachweisbar.

Literatur: Gersdorf, Universität, S. 27, Anm. 17 (mit Angabe der älteren Literatur). – Zarncke, Statutenbücher, S. 157. – CDS II, Bd. 16, S. 35. – CDS II, Bd. 17, S. 92–95. – Schumann, »nationes«, S. 186 und 197. – Bicherl, Magister, S. 195. – Tříška, Repertorium, S. 58. – Cottin, Universitätskanoni-kate, S. 284, 286 f., 299 und 311 f. – Šmahel, Pra-ger Universität, S. 292–299. – Šmahel, Doplňky. – Kusche, *Ego collegiatus* 2, S. 511 f. Nr. 15 (Vita). – Professoren und Dozenten, S. 147 f.

### Dietrich Borchdorp aus Braunschweig

Herkunft: Sächsische Nation (Leipzig). Stammt aus Braunschweig.

*Prag:* »Tydericus Borchdorp« aus Braunschweig 1404 Bacc., 1407 Mag. art.

*Leipzig:* 1409 »mag. Thidericus Brunswig« (PL 39). – »mag. Theodricus [Name nachgetragen] Vredland« (ML 37). Name wohl irrtümlich! Diese Person ist zu unterscheiden von Eintrag ML 37 (Dietrich Fredeland).

1409 November 30 »magister Tydericus de Brunswik de nacione Saxonum«, Examinator bei den Bakkalaureatsprüfungen.

Seine Lehrtätigkeit in Leipzig ist durch die »cedulae actuum« des Gregor Werdermann und des Johannes von Weißenbach belegt, die sich im WS 1410/11 für die Bakkalaureatsprüfung anmelden (siehe Abb. 14 u. 20).

Literatur: Gersdorf, Universität, S. 30, Anm. 39. – CDS II, Bd. 17, S. 90. – Tříška, Repertorium, S. 497. – Stewing, Vier studentische Belegzettel, S. 74.

### Dietrich Fredeland aus Braunschweig

Herkunft: Sächsische Nation (Leipzig). Stammt aus Braunschweig.

*Prag:* »Thidericus Wredelant« 1404 Bacc., 1408 intituliert in der Juristenuniversität, 1409 als Mag. art. und Examinator in der Artistenfakultät genannt.

*Leipzig:* 1409 »mag. Thidericus Brunswig« (PL 39): – »mag. Tedericum Fredland de Brunswig« (ML 36).

In der Magisterliste von 1409 folgt der Eintrag »magistrum Theodricus [!] Vredland« (ML 37). In ML 36 wurde der Familienname nachgetragen, in ML 37 der Vorname. An der Universität Prag sind tatsächlich zwei Braunschweiger nachweisbar, die hierzu passen könnten (s. o.). Darauf weist auch Zarncke, Urkundl. Quellen, S. 786, Anm. * hin, der aber zu bedenken gibt, »dass ein Theodericus de Vredland fernerhin in der Matrikel nicht genannt wird«. Dann wäre davon auszugehen, daß dem Schreiber von ML versehentlich ein Doppeleintrag unterlaufen ist.

»mag. Theodoricus Fredelant Pragensis« immatrikuliert sich im SS 1413 an der Universität Leipzig.

*Wien:* 1411 intituliert, 1411–1412 Examinator und »consiliarius«, 1411 auch intituliert »in iure«.

Literatur: Gersdorf, Universität, S. 32, Anm. 50. – CDS II, Bd. 16, S. 43 (S 2). – Tříška, Repertorium, S. 498.

### Dietrich Sukow aus Rostock

Herkunft: Sächsische Nation (Leipzig). Stammt aus Rostock.

*Prag:* 1407 Bacc. art., 1407 intituliert in der Juristenuniversität.

*Erfurt:* 1409 intituliert und in die Artistenfakultät als Bacc. Pragensis rezipiert, 1410 Mag. art.

Seine Lehrtätigkeit in Erfurt ist durch die »cedula actuum« des Gregor Werdermann belegt, der sich im WS 1410/11 in Leipzig für die Bakkalaureatsprüfung anmeldet (siehe Abb. 20).

*Leipzig:* 1409 »mag. Theodericus de Zukow de Rostock« (PL 46). Der Eintrag ist von anderer Hand nachgetragen worden.

1410 SS »magister Tydericus Zukow de Rostok« immatrikuliert.

*Rostock:* 1419 als Bacc. decr. intituliert, 1420, 1423/24, 1428 und 1430 Rektor, 1423 Lic. iur. can., 1428 Vizerektor.

Tätigkeit: Seit 1411 ist er zusammen mit Johannes Voss Ratssekretär der Stadt Lübeck und hält sich gemeinsam mit diesem 1414 und 1417 als Abgesandter der Stadt Lübeck auf dem Konstanzer Konzil auf. Von der Universität Rostock wechselt er wieder nach Lübeck, wo er spätestens 1433 Ratssyndikus wird.

Tod und Grab: 1442 Oktober 13 stirbt er auf einer Gesandtschaftsreise in Frankfurt am Main.

Literatur: Gersdorf, Universität, S. 31, Anm. 46. – CDS II, Bd. 16, S. 32 (S 4). – Schumann, »nationes«, S. 189. – Tříška, Repertorium, S. 506. – Kleineidam, Universitas Studii Erffordensis 1, S. 403, Nr. 28. – Stewing, Vier studentische Belegzettel, S. 69.

### Franziskus aus Dresden

Herkunft: Polnische Nation (Prag) bzw. Meißnische Nation (Leipzig). Stammt aus Dippoldiswalde.

*Prag:* 1382 Bacc., zwischen 1384 und 1386 Mag. art. in Prag, erscheint als solcher aber nicht im Liber decanorum der Prager Artistenfakultät. 1388 intituliert »in iure«. Šmahel vermutet, er sei wohl identisch mit »Franciscus de Myssna«, der im WS 1399/1400 als Examinator bei den Bakkalaureats- und Magisterprüfungen in der Artistenfakultät erscheint. Das aber ist schon deshalb nicht möglich, weil Franziskus von Meißen bereits 1381 zum Mag. art. promoviert worden ist. Zu erwägen wäre, ob sich die späteren Belege in Leipzig und Dresden nicht auf ihn beziehen?

*Leipzig:* 1409 »mag. Franciscum de Dresen Misnensem« (ML 2).

Zarncke, Urkundl. Quellen, S. 911, Anm. 1 meint, daß er die Universität Leipzig bereits zwischen dem 24. Oktober und 2. Dezember 1409 wieder verlassen hat oder verstorben ist. Zumindest letzteres dürfte aber nicht zutreffen. In den Dresdner Quellen kommt nämlich mehrfach ein Magister Franz/Franziskus vor, der in Anbetracht der Seltenheit des Namens mit dem Leipziger bzw. Prager Magister identisch sein dürfte. 1391 wird erwähnt, daß »meyster Francz« den Laurentiusaltar in der Kreuzkirche zu Dresden gestiftet hat. 1394 Juli 11 wird die Schenkung eines Ackerstücks an eine Badestube in der Schreibergasse zu Dresden beurkundet, welche mit Einwilligung des »erbern pristers meisters Franczin vnsers schulemeisters von Dypuldiswalde« erfolgte, welcher Erbherr der Badestube war. 1414 Oktober 15 wird dem »erbern meister Franzen von Dippoldißwalde« ein Haus übergeben, welches zur Ausstattung des Donatusaltars in der Kreuzkirche gedacht ist, den Franz jüngst gestiftet hat. 1418 Dezember 21 werden Einkünfte für die Kreuzmesse in der Kreuzkirche überwiesen, welche »der erbar prister meyster Francze von Dippoldiswalde eyn lerer der heiligen schrifft wonhafftig zu Dresden« gestiftet hat. Auch dem Dresdner Franziskanerkloster macht er eine bedeutende Schenkung: 1419 September 29 wird beurkundet, daß »der erber prister meister Francze genant von Dippodiswalde« ein Haus in Dippoldiswalde, das sein Erbe war, dem Franziskanerkloster als Terminierhaus geschenkt hat. Daß Magister Franziskus in der Dresdner Kreuzkirche zwei Altäre gestiftet hat, wird 1425 nochmals erwähnt. Er scheint damals noch gelebt zu haben, wird jedenfalls in der Urkunde nicht als verstorben erwähnt. Hinzu kommen die Belege im ältesten Dresdner Stadtbuch: 1406 wird ein Haus »by ern Ffranczin husse« erwähnt. 1407 März 1 zahlen zwei Dresdner Bürger wegen eines Kaufs 182 ungarische Gulden an »er meistir Ffranczin« und seine Erben. 1410 ist Magister Franz Vormund eines Jungen, dessen Stiefvater Oktober 15 Rechnung über verschiedene Ausgaben legt. 1420 September 25 wird ein gewisser Niklas Dorner erwähnt, »de in meister Franczen huse siczt«. Ob er mit dem Meister Franz Slegel identisch ist, dessen Kinder 1420 eine Erbteilung vornehmen, kann nur vermutet werden. 1421 Januar 12 werden in Dresden außerdem zwei Söhne des verstorbenen »Meister Franzen des Arztes« genannt. Zusammenfassend läßt sich sagen, daß in Dresden von 1391 bis 1425 ein Magister Franziskus nachweisbar ist, einmal sogar ausdrücklich als Lehrer der Heiligen Schrift (1418), mehrfach in enger Verbindung mit der Kreuzkirche, so daß man ihn wohl als einen Lehrer an der Kreuzschule anzusehen hat. Dort muß er also zeitweilig mit Peter von Dresden, Nikolaus Copatzsch und Friedrich zusammengewirkt haben, die 1412 ausgewiesen wurden und nach Prag zurückgingen.

Literatur: Gersdorf, Universität, S. 31, Anm. 47. – CDS II/5, S. 91 Nr. 94, S. 93 Nr. 98, S. 94 Nr. 99, S. 134 Nr. 153, S. 137 Nr. 160, S. 140 Nr. 167, S. 142 f. Nr. 171, S. 291 f. Nr. 399. – Butte, Geschichte Dresdens, S. 106 f. – Tříška, Repertorium, S. 104. – Šmahel, Prager Universität, S. 289. – Die drei ältesten Stadtbücher Dresdens, S. 97 Nr. 20, S. 99 Nr. 29, S. 114 Nr. 83, S. 149 f. Nr. 218, S. 150 Nr. 219.

### Georg Below aus Parchim

Herkunft: Sächsische Nation (Leipzig). Stammt aus Parchim.

*Prag:* 1406 Bacc., 1408 Mag. art. in Prag. Magisterprüfung gemeinsam mit Lubert Starten und Peregrinus von Ziegenberg. Einer der Prüfer war Johannes Hus.

*Leipzig:* 1409 »mag. Georgius Below« (PL 41). – »mag. Georgium Below Saxonem« (ML 38). 1410 Mai 14 »de natione Saxonum«, Examinator bei den Bakkalaureatsprüfungen.

Literatur: Gersdorf, Universität, S. 30, Anm. 41. – CDS II, Bd. 17, S. 91. – CDS II, Bd. 18, S. 51. – Schumann, »nationes«, S. 188. – Tříška, Repertorium, S. 116.

### Gerhard Hogenkirche

Herkunft: Sächsische Nation (Prag und Leipzig). Stammt aus Hamburg.

*Erfurt:* 1399 SS wird »Gerhardus Hamborch« Bacc. art. der Universität Erfurt.

*Prag:* 1401 intituliert an der Universität Prag als Erfurter Bacc. art., 1404 Lic. art. und Mag. art. in Prag, wo er sich noch im April 1408 aufhält. 1408 Dispensator und Examinator. Den Grad des Dr. med. wird er wohl noch in Prag erlangt haben.

*Erfurt:* Er wird in Erfurt »unter die magistri artium des Jahres 1409 loziert und in die medizinische Fakultät rezipiert« (Kleineidam), wechselt aber noch in diesem Jahr an die Universität Leipzig.

*Leipzig:* 1409 »mag. Gerhardus Hogenkirche doctor medicine« (PL 4). – »mag. Gerhardum Hogenkergh Saxonem« (ML 26).

1409 Dezember 28 als Examinator bei einer Magisterprüfung genannt.

In der undatierten Liste der Doktoren der Medizinischen Fakultät steht er an 1. Stelle. »Er gilt als Begründer der medizinischen Fakultät zu Leipzig« (Kleineidam).

*Köln:* 1416 SS an der Universität Köln intituliert, dort 1418 Rektor der Universität.

*Heidelberg:* 1420 an der Universität Heidelberg intituliert, wo er 1420 und 1429 zum Rektor gewählt wird.

Kirchliche Karriere und Pfründen: 1418 Kanoniker in St. Georg in Köln. 1420 Subdiakon des Bremer Bistums.

Tod und Grab: 1448 Dezember 26 in Heidelberg gestorben.

Literatur: Gersdorf, Universität, S. 26, Anm. 4. – CDS II, Bd. 17, S. 69 und 91. – Abe, Gerhard Hohenkirchen, S. 19–29. – Bicherl, Magister, S. 211. – Kleineidam, Universitas Studii Erffordensis 1, S. 353 Nr. 6 (Vita). – VL 4, Sp. 99–100 (Gundolf Keil). – Schumann, »nationes«, S. 185. – Tříška, Repertorium, S. 123. – Schwinges/Wriedt, S. 5 Nr. 11/11. – Šmahel, Prager Universität, S. 141 (Vita) und S. 298.

## Hartung Lange aus Gotha

Herkunft: Meißnische Nation (Leipzig). Stammt aus Gotha.

*Erfurt, Prag:* Er wird im WS 1395/96 in Erfurt immatrikuliert, erlangt in Prag das Bakkalaureat, kehrt dann 1400 nach Erfurt zurück, wo »Hartungus Lange de Gotha« 1409 den Magistergrad erlangt.

*Leipzig:* 1409 »mag. Hartungus« (PL 40). – »mag. Hartungum magistrum Erdfordensem« (ML 43).

Literatur: Gersdorf, Universität, S. 30, Anm. 40. – Kleineidam, Universitas Studii Erffordensis 1, S. 403 Nr. 27.

## Heinrich Bernhagen

Herkunft: Sächsische Nation (Prag und Leipzig). Stammt aus dem Bistum Kammin, wahrscheinlich aus Stargard. In Prag war seit 1377 Henning Bernhagen immatrikuliert, wohl ein Verwandter, der später als Kanoniker in Stettin begegnet.

*Prag:* 1402 Mag. art. in Prag. 1405 intituliert »in iure«. 1407/08 WS Examinator, 1407 Aufseher über die Statuten, 1408 Assessor, Dispensator. Beteiligt am Quodlibet 1409.

*Leipzig:* 1409 »mag. Hynricus Bernhagen« (PL 22). – »mag. Hinricum Bernhagen Saxonem« (ML 21).

1409 Oktober 24 erster Dekan der Artistenfakultät.

1409 Dezember 28 »de natione Saxonum«, Examinator der Magister.

Seine Lehrtätigkeit in Leipzig ist durch die »cedula actuum« des Gregor Werdermann belegt, der sich im WS 1410/11 für die Bakkalaureatsprüfung anmeldet (siehe Abb. 20).

Kirchliche Karriere und Pfründen: 1408 Diakon. 1413 November 16 ist er Bacc. decr. und wird mit der Pfarrkirche St. Nikolai »in Dammis« (Bistum Kammin) providiert. Als Nonobstanz wird eine Vikarie in der Stadt »Novistargis« (Bistum Kammin) und die Anwartschaft auf ein Kanonikat in St. Marien zu Stettin genannt.

Schriften: Quästio des Quodlibet von 1409.

Literatur: Gersdorf, Universität, S. 28, Anm. 21. – CDS II, Bd. 17, S. 89 und 91. – Schumann, »nationes«, S. 187. – Tříška, Literárni činnost, S. 84. – Bicherl, Magister, S. 198. – Tříška, Repertorium, S. 144. – Šmahel, Prager Universität, S. 297–299. – Stewing, Vier studentische Belegzettel, S. 74.

### Heinrich Rosenberg

Herkunft: Polnische Nation (Leipzig). Als Herkunftsort kommen Rosenberg in Ostpreußen, in Westpreußen oder in Schlesien in Frage. Es erscheint bereits 1377 ein gleichnamiger Student in Prag, der in der Juristenuniversität immatrikuliert wird.

*Prag:* 1403 Bacc. art. in Prag.

*Krakau:* 1408 Mag. art. in Krakau.

*Erfurt:* 1409 SS in Erfurt immatrikuliert, allerdings ohne nähere Angaben.

*Leipzig:* 1409 »mag. Hinricus Rosenberg« (PL 45). – »mag. Hinricum Rosenberg magistrum Cracoviensem« (ML 44).

1410 SS »mag. Hinricus de Rozenborg« immatrikuliert. Er war also bei der Gründung der Universität noch nicht anwesend. Das würde die Immatrikulation in Erfurt bestätigen!

Literatur: Gersdorf, Universität, S. 31, Anm. 45. – Weissenborn, Acten 1, S. 86. – CDS II, Bd. 16, S. 32 (P 4). – CDS II, Bd. 18, S. 717. – Schumann, »nationes«, S. 189. – Tříška, Repertorium, S. 167.

### Helmold Gledenstede aus Salzwedel

Herkunft: Sächsische Nation (Prag und Leipzig). Stammt aus Salzwedel in der Altmark.

*Prag:* 1383 Bacc., 1386 Mag. art. in Prag, 1394 SS Dekan der Artistenfakultät, 1398 Rektor der Universität Prag (»bacc. theol.«). 1393 bis 1408 regelmäßig im Prager »Liber decanorum« als Examinator und Inhaber anderer Fakultätsämter genannt. 1398 Kollegiatur im Wenzelskolleg. 1410 wird ein »Helmoldus« genannt, der zusammen mit Andreas von Brod von der Römischen Kurie nach Prag zurückgekehrt ist. Wenn es sich hierbei um Helmold Gledenstede handelt, dürfte er erst 1410 nach Leipzig gekommen sein. Johannes von Mies, Prediger an der Kirche St. Gallus in Prag, hat ihm seinen »Tractatus de bono ordine moriendi« gewidmet.

*Leipzig:* 1409 »mag. Helmoldus de Zoltwedel *doctor medicine*« (PL 8, *Nachtrag*). – »mag. Helmoldum de Zoltwedel Saxonem« (ML 4).

Den Grad eines Dr. med. hat er erst in Leipzig erworben, wie aus seiner Selbstbezeichnung als Rektor hervorgeht.

1410 SS Rektor (»magister in artibus, ad gradum baccalariatus sacre theologie presentatus et assumptus«).

1413 Vizekanzler, vom Bischof von Merseburg eingesetzt.

1416/17 Rektor II (»doctor medicine et arcium magister, ad gradum bacalariatus in theoloya presentatus et assumptus«).

In der undatierten Liste der Doktoren der Medizinischen Fakultät steht er an 4. Stelle.

1431 Oktober 9 Dekan der Medizinischen Fakultät (was nur zu erschließen ist, da er zwei Doktorpromotionen vornimmt).

Schriften: Über sie äußert sich Wimpina. Einige Quästionen von 1390, 1396 und 1409 sind überliefert; »Secunda pars Alexandri, commentum valde bonum cum questionibus et sophismatibus«.

Literatur: Gersdorf, Universität, S. 26, Anm. 8. – CDS II, Bd. 16, S. 31 und 51. – CDS II, Bd. 17, S. 69 und 95. – Tříška, Repertorium, S. 138. – Tříška, Literární cinnost, S. 116 Nr. 11 (Vita). – Bicherl, Magister, S. 108f. – Šmahel, Prager Universität, S. 142 (Vita), 256, 289–291, 293, 295, 297–298 und 314. – Šmahel, Doplňky, S. 40 Nr. 7. – Kusche, *Ego collegiatus* 2, S. 553–555 Nr. 45.

### Henning Boltenhagen aus Hildesheim

Herkunft: Sächsische Nation (Prag und Leipzig). Stammt aus Hildesheim.

*Prag:* 1382 Bacc., 1386 Mag. art., dann Bacc. theol., 1402 SS Dekan der Artistenfakultät. 1399–1408 Examinator und Inhaber anderer Fakultätsämter. Er war 1409 der letzte deutsche Rektor der Prager Drei-Nationen-Universität. Als er nach Leipzig ging, hatte er höchstens den Grad des Bacc. theol. erlangt.

*Leipzig:* 1409 »mag. Henningus Boltenhagen *sacre theologie professor*« (PL 7, *Nachtrag*). – »mag. Henningum Boltenhagen Saxonem« (ML 3).

1411 März 4 »de nacione Saxonum«, Examinator bei den Bakkalaureatsprüfungen.

1412/13 Rektor (»magister in artibus et sacre theologie baccalarius formatus«).

1415/16 WS Dekan der Artistenfakultät.

Frühestens 1416/17 Theologische Fakultät.

Schriften: Quästio des Quodlibets von 1409. Handschrift Leipzig, Universitätsbibliothek, Ms. 591, fol. 8r–187v.

Tod und Grab: 1435 verstorben.

Literatur: Gersdorf, Universität, S. 26, Anm. 7. – CDS II, Bd. 16, S. XLVII und S. 40. – CDS II, Bd. 17, S. 93 und 95. – Schumann, »nationes«, S. 185. – Tříška, Literární cinnost, S. 116 Nr. 12. – Bicherl, Magister, S. 106. – Tříška, Repertorium, S. 138. – Kusche, *Ego collegiatus* 2, S. 557–559 Nr. 47. – Professoren und Dozenten, S. 82.

### Henning von Hildesheim

Herkunft: Sächsische Nation (Prag und Leipzig). Stammt aus Hildesheim. Der Familienname ist unbekannt.

*Prag:* 1395 Bacc., 1397 Mag. art., 1404 SS Dekan der Artistenfakultät. 1399–1408 Examinator und Inhaber anderer Fakultätsämter.

*Leipzig:* 1409 »mag. Henningus Hildensen« (PL 14). – »mag. Henningum Hildensim Saxonem« (ML 13).

Seine Lehrtätigkeit in Leipzig ist durch die »cedula actuum« des Gregor Werdermann belegt, der sich im WS 1410/11 für die Bakkalaureatsprüfung anmeldet (siehe Abb. 20).

1415/16 WS Dekan der Artistenfakultät.

1420 SS Rektor (»mag. in art.«).

1424 April 6 ist er Examinator bei einer Magisterprüfung.

Gersdorf bezeichnet ihn als Mitglied des Großen Fürstenkollegs und verweist auf ältere Literatur, doch handelt es sich wohl um eine Verwechslung mit Heinrich Feuerhahn (Pyrgallus) von Hildesheim, gest. 1546, der tatsächlich Kollegiate war, über ihn Kusche, *Ego collegiatus* 2, S. 557f. Nr. 48.

Literatur: Gersdorf, Universität, S. 27, Anm. 14. – CDS II, Bd. 16, S. 63. – CDS II, Bd. 17, S. 95 und 101. – Bicherl, Magister, S. 181. – Tříška, Repertorium, S. 139. – Schumann, »nationes«, S. 186. – Stewing, Vier studentische Belegzettel, S. 74.

### Henning Klokau

Herkunft: Sächsische Nation (Prag und Leipzig). Wohl aus Glogau. Einige gleichnamige, aber jüngere Person ist seit 1403 als Bacc. art. in Prag, seit 1409 in Leipzig nachweisbar.

*Prag:* 1374 in der Sächsischen Nation immatrikuliert, 1377 Bacc. art., 1377 intituliert in der Juristenuniversität, 1380 Lic. art., 1380 Mag. art.

*Leipzig:* 1409 »mag. Henningus Klokaw bacc. sacre theologie« (PL 6). – »mag. Henningum Klokow Saxonem« (ML 1). In Leipzig ist er Senior der Prager Magister.

Literatur: Gersdorf, Universität, S. 26, Anm. 6. – Bicherl, Magister, S. 73. – Tříška, Repertorium, S. 139. – Schumann, »nationes«, S. 185. – Professoren und Studenten, S. 113.

### Hermann Daum aus Altdorf

Herkunft: Bayerische Nation (Prag und Leipzig). Stammt aus Altdorf bei Nürnberg. An der Universität Leipzig haben sich bis 1460 mehrere Angehörige der Familie Daum aus Altdorf immatrikuliert.

*Prag:* 1401 Bacc., 1404 Lic. art. und Mag. art. 1404–1409 ist er Examinator und Inhaber anderer Fakultätsämter.

*Heidelberg:* 1402 Februar 23 in die Artistenfakultät der Universität Heidelberg aufgenommen.

*Leipzig:* 1409 »mag. Hermannus de Altdorff *sacre theologie professor*« (PL 26, *Nachtrag*).

– »mag. Hermannum de Aldorff Bavarum« (ML 24).

Als Professor der Theologie begegnet er erst 1424/25. Daß er schon als Professor der Theologie nach Leipzig gekommen wäre, ist unwahrscheinlich, denn sonst hätte er sich wohl 1422/23 als Rektor entsprechend tituliert.

1410 Dezember 13 »de nacione Bavarorum«, Examinator bei den Bakkalaureatsprüfungen.

Seine damalige Lehrtätigkeit in Leipzig ist durch die »cedula actuum« des Johannes von Weißenbach belegt, der sich im WS 1410/11 für die Bakkalaureatsprüfung anmeldet.

1411 Dezember 13 Examinator bei den Bakkalaureatsprüfungen.

1411 Dezember 28 Examinator der Magister.

1413 Dezember 28 Examinator der Magister.

1414/15 WS Rektor (»magister in artibus«).

1416 Oktober 6 ist er Determinator einer Magisterprüfung.

1417 Juni 4 gehört er zu den Examinatoren bei den Bakkalaureatsprüfungen.

1422/23 WS Dekan Artistenfakultät.

1424 März 8 ist er Determinator einer Bakkalaureatsprüfung.

In einem im WS 1424/25 angelegten Verzeichnis der Bayerischen Nation erscheint »magister Hermannus Altdorff, sacrae theologiae professor«.

Nach 1424, vor 1428 Theologische Fakultät.

1440 August 21 erscheint »Hermannus Altdorff« als Mitglied der Theologischen Fakultät und wirkt an einer Statutenänderung mit.

Kirchliche Karriere und Pfründen: 1419(?) –1450 (†) Domkanonikat in Meißen.

Tod und Grab: 1450 Februar 28 in Meißen. Von seinem Grab ist die Sandsteingrabplatte mit

*Abb. 18: Grabmal des Leipziger Theologieprofessors und Meißner Domherrn Hermann Daum aus Altdorf bei Nürnberg, gestorben 1450, im Dom zu Meißen.*

ganzfigürlicher Ritzzeichnung erhalten (siehe Abb. 18).

Schriften: Handschrift Leipzig, Universitäts-bibliothek, Ms. 865, fol. 1r–6r und 146v–152v.

Literatur: Gersdorf, Universität, S. 29, Anm. 26 (mit Angabe der älteren Literatur). – Zarncke, Sta-tutenbücher, S. 157. – Brieger, Promotionen, S. 54

(Vita). – CDS II, Bd. 16, S. XLVII und S. 46. – CDS II, Bd. 17, S. 5, 92–96, 98, 100 und 102. – CDS II, Bd. 18, S. 118. – Schumann, »nationes«, S. 187. – Bicherl, Magister, S. 205. – Tříška, Repertorium, S. 179. – Donath, Grabmonumente, S. 321f. Nr. 99 (mit falscher Zuschreibung). – Cottin, Universi-tätskanonikate, S. 311. – Kusche, *Ego collegiatus* 2, S. 561f. Nr. 49. – Professoren und Dozenten, S. 90. – Stewing, Vier studentische Belegzettel, S. 75.

### Hermann Schippmann aus Lübeck

Herkunft: Sächsische Nation (Prag und Leipzig). Stammt aus Lübeck.

*Prag:* 1398 Bacc., 1401 Mag. art. in Prag. 1401 letztmalig im »Liber decanorum« genannt.

*Leipzig:* 1409 »mag. Hermannus Schipman *pro-fessor*« (PL 19, *Nachtrag*). – »mag. Hermannum Scipman Saxonem« (ML 18).

1410 Februar 8 »de nacione Saxonum«, Examina-tor bei den Bakkalaureatsprüfungen.

1411 Oktober 16 Dekan der Artistenfakultät.

1411 Dezember 28 Examinator der Magister.

1422 SS Rektor.

Seine Lehrtätigkeit in Leipzig ist auch durch die »cedula actuum« des Gregor Werdermann be-legt, der sich im WS 1410/11 für die Bakkalaure-atsprüfung anmeldet (siehe Abb. 20).

Kirchliche Karriere und Pfründen: 1418–1421 Domkanonikat in Meißen. Ob er dort begra-ben liegt, ist nicht bekannt.

Schriften: Handschrift Leipzig, Universitätsbi-bliothek, Ms. 865, fol. 86v–87v.

Literatur: Gersdorf, Universität, S. 28, Anm. 19. – CDS II, Bd. 16, S. 70. – CDS II, Bd. 17, S. 91–94. – Schumann, »nationes«, S. 187. – Tříška, Repertorium, S. 189. – Cottin, Universitätskanonikate, S. 284 und 311. – Professoren und Dozenten, S. 137. – Stewing, Vier studentische Belegzettel, S. 74.

### Johannes Benin

Herkunft: Sächsische Nation (Prag und Leipzig). Stammt aus Hamburg.

*Prag:* 1402 Bacc., 1405 Lic. art., vor 1408 Mag. art. 1405 intituliert in der Juristenfakultät. 1408 Examinator in der Artistenfakultät.

*Leipzig:* 1409 »mag. Iohannes Benyn« (PL 37). – »mag. Iohannem Benyn« (ML 35).

Kirchliche Karriere und Pfründen: 1420 März 20 Kanoniker in Verden und Vikar in Hamburg, erhält Bestätigung der Kantorie in Verden.

Schriften: Quästio des Quodlibet von 1409.

Literatur: Gersdorf, Universität, S. 30, Anm. 37. – Schumann, »nationes«, S. 188. – Bicherl, Magister, S. 212. – Tříška, Repertorium, S. 220.

### Johannes Bolk aus Salzwedel

Herkunft: Sächsische Nation (Leipzig). Stammt aus Salzwedel in der Altmark.

*Prag:* 1394 Bacc., 1404 Lic. und Mag. art.

*Leipzig:* 1409 »mag. Iohannes Bolk de Zoltwedel« (PL 25). – »mag. Iohannem Bölk de Zolzwedel Saxonem« (ML 23).

1410 SS »mag. Iohannes Bolk de Zoltwedel« immatrikuliert. Er war also bei der Gründung der Universität noch nicht anwesend, kommt allerdings auch später in den universitären Quellen nicht mehr vor.

Literatur: Gersdorf, Universität, S. 29, Anm. 24.

– CDS II, Bd. 16, S. 31 (S 2). – Schumann, »nationes«, S. 187. – Tříška, Repertorium, S. 223.

### Johannes Ditmar aus Bremen

Herkunft: Sächsische Nation (Leipzig). Stammt aus Bremen. In Prag sind 1377 bis 1409 drei Studenten namens Johannes aus Bremen nachweisbar.

*Erfurt:* 1395 immatrikuliert, 1397 Bacc. art.

*Prag:* 1400 in der Artistenfakultät rezipiert, 1401 Mag. art. 1404 als Examinator im »Liber decanorum« erwähnt.

*Leipzig:* 1409 »mag. Iohannes Bremis bacc. sacre theologie« (PL 20). – »mag. Iohannem Bremis Saxonem« (ML 19).

1410 SS »magister Iohannes Dytmari de Bremis« immatrikuliert. Er war also bei der Gründung der Universität noch nicht anwesend, kommt allerdings auch später in den universitären Quellen nicht mehr vor.

Literatur: Gersdorf, Universität, S. 28, Anm. 20. – CDS II, Bd. 16, S. 31 (S 1). – Schumann, »nationes«, S. 189. – Tříška, Literární cinnost, S. 117 Nr. 14 (wohl irrig als »Albertus Ditmari de Bremis«). – Bicherl, Magister, S. 73. – Tříška, Repertorium, S. 235. – Schwinges/Wriedt. S. 4 Nr. 7.11. – Professoren und Dozenten, S. 90.

### Johannes Eschenbach

Herkunft: Bayerische Nation (Leipzig).

*Prag:* 1399 Bacc., 1404 Lic. und Mag. art. 1407 Examinator, zum letzten Mal im »Liber decanorum« erwähnt.

*Leipzig:* 1409 »mag. Iohannes Eschenbach«

(PL 28). – »mag. Iohannem Eschenbach Bavarum« (ML 29).

1410 Mai 14 »de natione Bavarorum«, Examinator bei den Bakkalaureatsprüfungen.

Literatur: Gersdorf, Universität, S. 29, Anm. 28. – CDS II, Bd. 17, S. 91. – Schumann, »nationes«, S. 187. – Tříška, Repertorium, S. 240.

## Johannes Melzer (Brasiator) aus Frankenstein

Herkunft: Polnische Nation (Leipzig). Stammt aus Frankenstein in Schlesien.

*Prag:* 1389 Bacc. decr., 1394 Bacc. art., 1398 Mag. art., 1399 Examinator, 1405–1408 Sentenziar, Lic. theol.

*Leipzig:* 1409 »mag. Iohannes Franckensteyn *professor* sacre theologie« (PL 15, *Nachtrag*). – »mag. Iohannem Frankenstein« (ML 14).

Er hatte wohl bereits in Prag die Licentia in der Theologie erhalten, wurde an der Doktorpromotion dann aber durch den Auszug nach Leipzig gehindert. In Leipzig ist er als erster Doktor der Theologie 1410 promoviert worden. Daß er dort noch ca. 1422 gelehrt hat, beweist die Promotionsrede auf den Dominikaner Peter Wichmann. Bald danach dürfte er im Konvent seiner Heimatstadt Frankenstein in den Dominikanerorden eingetreten sein, dem er 1429 – als er zum Inquisitor ernannt wird – nachweislich angehört hat. Spätestens mit dem Ordenseintritt dürfte er die Universität Leipzig verlassen haben. 1426 Regens studii des Konvents in Breslau, 1429 Inquisitor, 1431–1433 Prior der polnischen Ordensprovinz, 1433 dem Konzil von Basel inkorporiert, 1436–1437 Prior des Konvents St. Adalbert in Breslau, 1446 in Dresden gestorben.

Schriften: Überliefert sind mehrere Predigten.

Literatur: Gersdorf, Universität, S. 27, Anm. 15. – Tříška, Repertorium, S. 276. – Löhr, Dominikaner, S. 21–25 und 159 f.

## Johannes Hamme aus Lübeck

Herkunft: Sächsische Nation (Prag und Leipzig). Stammt aus Lübeck.

*Prag:* 1404 Bacc., 1407 Mag. art., 1407 intituliert in der Juristenuniversität.

*Leipzig:* 1409 »mag Iohannes Hamme« (PL 35). – »mag. Iohannem Hamme Saxonem […]berg decanus« (ML 31).

1410 September 14 »de natione Saxonum«, Examinator bei den Bakkalaureatsprüfungen.

1411 Dezember 13 Examinator bei den Bakkalaureatsprüfungen.

1412 September 14 Examinator bei den Bakkalaureatsprüfungen.

1413 Dezember 28 Dekan der Artistenfakultät.

1413 Dezember 28 Examinator der Magister.

1416 Februar 24 gehört er zu den Examinatoren bei den Bakkalaureatsprüfungen.

1417 Februar 27 Examinator für die Bakkalaureatsprüfungen.

1418 SS Rektor (»magister in artibus et baccalarius medicine«).

1419 März 4 Examinator für die Bakkalaureatsprüfungen.

Zur Familie gehörten wohl Gerhard Hamme (Sächsische Nation, ohne Herkunftsort), der sich im WS 1409 in Leipzig immatrikuliert, und Johannes Hamme, der aus Lübeck stammt und sich im SS 1427 immatrikuliert.

Schriften: Überliefert ist eine Quästio eines Prager Quodlibets.

Literatur: Gersdorf, Universität, S. 30, Anm. 35. – CDS II, Bd. 16, S. 55. – CDS II, Bd. 17, S. 92–95, 97 und 99. – CDS II, Bd. 18, S. 290. – Tříška, Repertorium, S. 251. – Schumann, »nationes«, S. 188.

### Johannes Hilden alias Hallen

Herkunft: Bayerische Nation (Prag und Leipzig). Stammt aus der Erzdiözese Köln.

*Prag:* 1405 Bacc., 1407 Mag. art., 1408 intituliert in der Prager Juristenfakultät.

*Köln:* 1409 in der Artistenfakultät in Köln intituliert.

*Leipzig:* 1409 »mag. Iohannes Hilden« (PL 36). – »mag. Iohannem Hilden Bavarum« (ML 33).

1410 Februar 8 »de nacione Bavarorum«, Examinator bei den Bakkalaureatsprüfungen.

1411 März 4 Examinator bei den Bakkalaureatsprüfungen.

1416 September 29 gehört er zu den Examinatoren bei den Bakkalaureatsprüfungen.

1416 Dezember 28 gehört er zu den Examinatoren bei den Magisterprüfungen.

1418 Dezember 28 wird »mag. Iohannes de Heylden« zum Vizekanzler gewählt.

1418/19 WS Rektor (»Iohannes de Hallen alias dictus de Heylden, magister in artibus necnon medicine baccalarius«).

In der undatierten Liste der Doktoren der Medizinischen Fakultät steht er an 7. Stelle.

Literatur: Gersdorf, Universität, S. 30, Anm. 36. – CDS II, Bd. 16, S. 57. – CDS II, Bd. 17, S. 69, 91, 93 und 96–98. – Tříška, Repertorium, S. 250.

### Johannes Hoffmann aus Schweidnitz

Herkunft: Polnische Nation (Prag und Leipzig). Stammt aus einer Bürgerfamilie in Schweidnitz (Schlesien).

*Prag:* 1393 immatrikuliert, 1396 Bacc., 1400 Mag. art., 1408 SS Dekan der Artistenfakultät in Prag. 1402–1407 Examinator und Inhaber weiterer Fakultätsämter. 1406 Rektor der Universität, SS 1408 Dekan der Artistenfakultät. Den Grad des Bacc. theol. wird er noch in Prag erlangt haben, denn anders wäre die durch Rasur geänderte Angabe in der Leipziger Präsentationsliste nicht zu erklären.

*Leipzig:* 1409 »mag. Iohannes Hoffman *professor* sacre theologie« (PL 18, *Nachtrag auf Rasur*). – »mag. Iohannem Hofman Polonum« (ML 17). Der veränderte Nachtrag spricht dafür, daß er als Bacc. theol. aus Prag nach Leipzig kam.

1409–1417 Kollegiat im Großen Kolleg.

1411 März 4 »de nacione Polonorum«, Examinator bei den Bakkalaureatsprüfungen.

1413 SS Rektor (»magister in artibus et sacre theologie baccalarius formatus«).

1414 Dr. theol., Mitglied der Theologischen Fakultät.

1416 April 7 wird er erstmals als »sacre theologie professor« bezeichnet.

1422–vor 1445 März Kollegiat im Liebfrauenkolleg. Kirchliche Karriere und Pfründen: 1414–1427 Koadjutor des Meißner Bischofs Rudolf von Planitz. 1417 Kanonikat im Hl.-Grab-Stift in Liegnitz. 1417–1427 Domkanonikat in Meißen. 1419 Propst des Kollegiatstifts Großenhain. 1427–1451(†) Bischof von Meißen. 1433/34 Teilnehmer am Basler Konzil.

Schriften: »Tractatus pro communione unius

*Abb. 19: Grabmal des Leipziger Theologieprofessors und Meißner Domherrn Johannes Hoffmann aus Schweidnitz, gestorben 1451 als Bischof von Meißen, im dortigen Dom.*

hann Hoffmann. – CDS II/11, S. 13 Nr. 9. – CDS II, Bd. 16, S. 42. – CDS II, Bd. 17, S. 93. – Machilek, Johannes Hoffmann, S. 96–123. – Menzel, Johannes Hoffmann, S. 427. – Schumann, »nationes«, S. 187. – Tříška, Literární cinnost, S. 126 f. Nr. 13. – Bicherl, Magister, S. 193–195. – Tříška, Repertorium, S. 255. – Donath, Grabmonumente, S. 322–324 Nr. 100. – Cottin, Universitätskanonikate, S. 306, 309 und 311. – Kusche, *Ego collegiatus* 2, S. 613–616 Nr. 82. – Professoren und Studenten, S. 108.

### Johannes Huntmann (Hutmann) aus Elbing

Herkunft: Polnische Nation (Leipzig). Stammt aus Elbing (Ostpreußen).
*Prag:* 1399 Bacc., 1404 Lic. und Mag. art. in Prag.
*Leipzig:* 1409 »mag. Iohannes Hutman de Elbingo« (PL 27). – »mag. Iohannem de Elbingo« (ML 25).
Literatur: Gersdorf, Universität, S. 29, Anm. 27. – Schumann, »nationes«, S. 187. – Tříška, Repertorium, S. 258.

speciei« (»Debemus invicem diligere«). – »Epistola infideli Procopio (Raso) contra Christum in campis degenti directa«. – Quästio des Quodlibets von 1409. – Mehrere Predigten.
Tod und Grab: 1451 April 12 verstorben in Stolpen. Grab im Dom zu Meißen, wo sich seine Sandsteingrabplatte mit ganzfigürlicher Ritzzeichnung erhalten hat (siehe Abb. 19).
Literatur: Gersdorf, Universität, S. 27, Anm. 18 (mit Angabe der älteren Literatur). – Becker, Jo-

### Johannes Lobek aus Lobenstein

Herkunft: Polnische Nation (Prag), Meißnische Nation (Leipzig). Stammt aus Lobenstein.
*Prag:* 1393 Bacc., 1395 Mag. art. in Prag, 1398 intituliert in der Juristenuniversität (in der Polnischen Nation), 1398–1407 als Examinator und Inhaber anderer Ämter in der Juristenfakultät.
*Leipzig:* 1409 »mag. Iohannes Lobeke« (PL 11). – »mag. Iohannem Lobeke Misnensem« (ML 10).
1409 Kollegiat am Großen Kolleg.

1409 November 30 »de nacione Misnensium«, Examinator bei den Bakkalaureatsprüfungen.

1410 Dezember 13 Examinator bei den Bakkalaureatsprüfungen.

1410 Dezember 28 Examinator der Magister.

1412 September 14 Examinator für die Bakkalaureatsprüfungen.

1416 Dezember 13 Examinator für die Bakkalaureatsprüfungen.

1417 Juni 4 Examinator für die Bakkalaureatsprüfungen.

1421/22 WS Rektor (»magister in artibus et sacre theologie baccalarius«).

1422 SS Dekan der Artistenfakultät.

1426 Vizekanzler.

1432 Vizekanzler II.

Kirchliche Karriere und Pfründen: Domherr in Meißen.

Tod und Grab: Nach 1437 gestorben und im Dom zu Meißen begraben. Ein Grabmal ist nicht erhalten.

Literatur: Gersdorf, Universität, S. 27, Anm. 11. – CDS II, Bd. 16, S. 68. – CDS II, Bd. 17, S. 90, 92, 94 f., 97 f., 100, 103 und 112. – Schumann, »nationes«, S. 186. – Bicherl, Magister, S. 159. – Tříška, Repertorium, S. 272. – Kusche, *Ego collegiatus* 2, S. 629–631 Nr. 90. – Professoren und Studenten, S. 118.


**Johannes Ottonis von Münsterberg**

Herkunft: Polnische Nation (Prag und Leipzig). Stammt aus einer Bürgerfamilie in Münsterberg (Schlesien).

*Prag, Wien:* 1382 Bacc., 1386 Mag. art. in Prag, 1389–1404 Examinator und Inhaber weiterer Fakultätsämter, 1393 SS Vizedekan, 1395 SS Dekan der Artistenfakultät, 1398 Rektor der Universität, 1401 »assessor«, 1403 »dispensator«. Da er in Leipzig als Professor der Theologie intituliert wird, wird er in Prag zuletzt in der Theologischen Fakultät gelehrt haben. 1406 ist er als Dr. theol. nachgewiesen.

*Leipzig:* 1409 »mag. Iohannes de Mönsterberg sacre theologie professor« (PL 1). – »mag. Iohannem de Mönsterberg, primus vicecancellarius sacre theologie professor, electus per universitatem« (ML 5).

1409/10 WS erster Rektor.

1409 Vizekanzler.

1409 Kollegiat am Großen Kolleg.

1416 stiftet er in Leipzig testamentarisch das Liebfrauenkolleg.

Die Universität Leipzig vertritt er 1414 zusammen mit Albert Varrentrapp und Petrus Storch auf dem Konstanzer Konzil.

Kirchliche Karriere und Pfründen: Vor 1416 (†) Domkanonikat in Meißen.

Schriften: »Sermo in obitu imperatoris factus Prage«, also 1378. – Die übrigen Schriften, Quästionen und Predigten sind in Leipzig entstanden.

Tod und Grab: 1416 März 24 verstorben. Grab in St. Nikolai zu Leipzig, später in die Paulinerkirche umgebettet.

Literatur: Gersdorf, Universität, S. 25, Anm. 1 (mit Angabe der älteren Literatur). – CDS II, Bd. 16, S. 26. – CDS II, Bd. 17, S. 91. – Kirn, Theologische Fakultät, S. 11. – Schumann, »nationes«, S. 185. – Menzel, Johannes von Münsterberg, S. 562. – Tříška, Literární cinnost, S. 126 Nr. 11. – Bicherl, Magister, S. 118 f. – Tříška, Repertorium, S. 279. – Kusche, *Ego collegiatus* 2, S. 643–645 Nr. 99. – Professoren und Dozenten, S. 126 f.

## Johannes von Schleinitz

Herkunft: Polnische Nation (Prag), Meißnische Nation (Leipzig). Stammt aus einem Niederadelsgeschlecht der Mark Meißen.

*Prag, Erfurt, Bologna:* 1398 Bacc., intituliert in der Juristenuniversität Prag. 1401 in Erfurt intituliert. 1405 in Bologna intituliert, dort bis mindestens 1407. Vermutlich hat er in Bologna den Grad des Dr. decr. erlangt, mit dem er 1410 an der Universität Leipzig rezipiert wird.

*Leipzig:* »dns. Iohannes de Slynicz doctor decretorum« (PL 2).

1410 SS »dominus Iohannes de Slynicz decretorum doctor« immatrikuliert. Er war also bei der Gründung der Universität noch nicht anwesend. In der Liste der Doktoren der Leipziger Juristenfakultät steht nur «Petrus de Sleinitz utr. iur. dr., episcopus Numburgensis». Warum Erler (in: CDS II, Bd. 18, S. 762) meint, dort müsse statt Petrus Johannes stehen, ist nicht ersichtlich. Beide waren promovierte Juristen und folgten aufeinander als Bischöfe von Naumburg. Aus der Studienzeit in Bologna sind mehrere Bücher erhalten, die sich in der Stiftsbibliothek von Zeitz befinden.

Kirchliche Karriere und Pfründen: 1405 ist er Domscholaster, 1417–1421 Dompropst von Meißen, 1410–1416 auch Propst des Kollegiatstifts in Bautzen. 1418(?)–1422(?) möglicherweise Domkanoniker in Naumburg. 1422–1434 Bischof von Naumburg.

Tod und Grab: Stirbt 1434. Grab in der Stiftskirche von Zeitz, wo eine Bronzegrabplatte erhalten ist.

Literatur: Gersdorf, Universität, S. 25, Anm. 2 (lückenhaft). – CDS II, Bd. 16, S. 31 (M 1). – CDS II, Bd. 17, S. 37. – Tříška, Repertorium, S. 306. – Wießner, Das Bistum Naumburg, Bd. 1, 2, S. 888–895 (Vita). – Inschriften der Stadt Zeitz, S. 15 f. Nr. 21 mit Tafel VI. – Cottin, Universitätskanonikate, S. 286, 306 und 312.

## Johannes Treteber

Herkunft: Der Name deutet auf Herkunft aus dem niederdeutschen Raum.

*Prag:* Ob er zu den Prager Magistern gehört, ist fraglich.

*Leipzig:* 1409 »mag. Iohannes Treteber« (PL 10). – »mag. Iohannem Treteber« (ML 9).

Literatur: Gersdorf, Universität, S. 27, Anm. 10.

## Johannes Voss

Herkunft: Bayerische Nation (Leipzig). Stammt aus Soest (Westfalen).

*Prag:* In den Prager Universitätsquellen kommt er nicht vor.

*Erfurt:* 1395/96 WS immatrikuliert, 1397 Bacc. art., 1400 Mag. art., 1408/09 WS Rektor der Universität Erfurt (»bacc. in utr. iur.«).

*Leipzig:* »mag. Iohannes Vos« (PL 24).

1409 ist Johannes Voss »für die Universität Leipzig vorgesehen«, doch geht er nicht dorthin, »sondern wird Stadtschreiber bzw. Protonotar von Lübeck«. Zarncke, Urkundl. Quellen, S. 912, erwägt, ob er nicht mit »Iohannes Vos de Monasterio« identisch sein könnte, der sich zum SS 1414 in Leipzig in der Bayerischen Nation immatrikuliert. Gersdorf lehnt dies ab. Zwar ist es richtig, daß einige 1409 benannte Magister tatsächlich erst später nach Leipzig gekommen sind, aber 1414 erscheint in der Tat recht spät: Johannes Voss aus Münster ist WS 1424/25 Dekan der Artistenfakultät, 1425 Mai 30 ebenda auch Examinator für die Magisterprüfungen. Zudem hatte der damals intitulierte Münsteraner offenbar noch gar keinen akademischen Grad, während der 1409 genannt Johannes Vos, über dessen Herkunft nichts bekannt ist, Magister war. Vermutlich hat er also 1409 seine Tätigkeit gar nicht aufgenommen.

Tätigkeit: Johannes Voss steht wohl seit 1409 in den Diensten der Stadt Lübeck, wirkt dort 1411 zusammen mit Dietrich Sukow (siehe dort) als Ratssekretär und hält sich gemeinsam mit diesem 1414 und 1417 als Abgesandter der Stadt Lübeck auf dem Konstanzer Konzil auf. 1419 geht er an die neugegründete Universität Rostock, der er 1421 bis 1428 viermal als Rektor vorsteht. Im WS 1428/29 geht er an die Universität Erfurt, wo er bis zu seinem Tod lebt.

Kirchliche Karriere und Pfründen: 1403 Vikarie in St. Marien zu Erfurt, 1409 Vikarie am Dom zu Lübeck, seit 1438 Kanonikat, seit 1441–1451 Propstei im Kollegiatstift St. Severi.

Schriften: Zwei kanonistische Handschriften sind überliefert.

Tod und Grab: 1451 Dezember 3 in Erfurt verstorben und im Kollegiatstift St. Severi beigesetzt. Die Grabplatte ist erhalten.

Literatur: Gersdorf, Universität, S. 29, Anm. 23. – Zarncke, Urkundl. Quellen, S. 912. – CDS II, Bd. 16, S. 46 (B 7). – CDS II, Bd. 17, S. 102. – Kleineidam, Universitas Studii Erffordensis 1, S. 332 f. und 403. – Gramsch, Erfurter Juristen, CD-ROM Nr. 663.

## Johannes Wünschelburg

Herkunft: Bayerische Nation (Leipzig).

*Prag:* 1404 Bacc., 1406 Mag. art. 1406 intituliert in der Juristenuniversität.

*Leipzig:* 1409 »mag. Iohannes Wunschilburg *sacre theologie professor*« (PL 33, *Nachtrag*). – »mag. Iohannem Wunschelburg Saxonem« (ML 30).

Als Professor der Theologie ist er erst 1429 nachweisbar.

1410 SS »mag. Iohannes Wunschelburg« immatrikuliert. Er war also bei der Gründung der Universität noch nicht anwesend.

1437/38 WS Rektor (»sacre theologie professor et in iure canonico licenciatus«). Er ist der letzte Rektor aus der Prager Gründergeneration!

Kirchliche Karriere und Pfründen: 1404 Inhaber der Vikarie St. Laurentius, Vitus und Wenzel in der Pfarrkirche zu »Hawelswerd«. 1425 wird er mit der Pfarrkirche zu Amberg providiert, wobei als Nonobstanzen Vikarien in Görlitz und Lauban genannt werden. Inhaber der Prädikatur in der Pfarrkirche zu Amberg.

Literatur: Gersdorf, Universität, S. 30, Anm. 33 (mit Angabe der älteren Literatur). – CDS II, Bd. 16, S. 32 (P 3) und 122. – Tříška, Repertorium, S. 328. – Schumann, »nationes«, S. 188. – Fuchs, Buchbesitz, S. 683–695. – Kusche, *Ego collegiatus* 2, S. 671–673 Nr. 117.

## Johannes Czach aus Breslau

Herkunft: Polnische Nation (Prag und Leipzig). Stammt aus der Stadt Breslau oder der Diözese Breslau.

*Prag:* 1400 Bacc., 1404 Lic. und Mag. art. 1407–

1408 Examinator und Inhaber anderer Ämter in der Artistenfakultät.

*Leipzig:* 1409 »mag. Iohannes Czach *sacre theologie professor*« (PL 30, *Nachtrag auf Rasur*). – »mag. Iohannem Czach Polonum« (ML 27). Als Professor der Theologie wird er erst 1429 genannt.

1410 Dezember 13 »de nacione Polonorum«, Examinator bei den Bakkalaureatsprüfungen.

1411 Dezember 28 Examinator der Magister.

1412 Februar 17 Examinator bei den Bakkalaureatsprüfungen.

1412 April 16 Dekan der Artistenfakultät.

1415 SS Rektor (»mag. in art., baccalarius sacre theologie«).

1416 Juni 7 und September 29 gehört er zu den Examinatoren bei den Bakkalaureatsprüfungen.

1416 September 22 ist er Determinator einer Magisterprüfung.

1417 Juni 4 gehört er zu den Examinatoren bei den Bakkalaureatsprüfungen.

1418 Dezember 28 Examinator für die Magisterprüfungen.

1424 März 8 Examinator für die Bakkalaureatsprüfungen.

1429 SS Rektor (»sacre theologie professor et canonicus Misnensis«).

1438 im Consilium der Theologischen Fakultät.

1440 August 21 ist »mag. Ioannes Zcach« Dekan der Theologischen Fakultät und wirkt an einer Statutenänderung mit.

Er wird in Wimpinas Centuaria erwähnt.

Kirchliche Karriere und Pfründen: 1407 Subdiakon, Diakon und Priester des Bistums Breslau. 1429–1449(†) Domkanonikat, dann -kustodie zu Meißen.

Tod und Grab: 1449 Juni 6 gestorben. Sein Grab befindet sich im Dom zu Meißen, wo sich die Sandsteingrabplatte mit ganzfigürlicher Ritzzeichnung erhalten hat.

Schriften: Handschrift Leipzig, Universitätsbibliothek, Ms. 865, fol. 229v–231r.

Literatur: Gersdorf, Universität, S. 29, Anm. 30 (mit Angabe der älteren Literatur). – Brieger, Promotionen, S. 62 (Vita). – CDS II, Bd. 16, S. 47. – CDS II, Bd. 17, S. 5, 92, 94, 96, 98 f. und 101. – Bicherl, Magister, S. 210. – Tříška, Repertorium, S. 233. – Schumann, »nationes«, S. 187. – Donath, Grabmonumente, S. 317 f. Nr. 94. – Cottin, Universitätskanonikate, S. 311. – Kusche, *Ego collegiatus* 2, S. 673–675 Nr. 118. – Professoren und Dozenten, S. 89.

### Konrad aus Hildesheim

Herkunft: Sächsische Nation (Leipzig).

*Prag:* 1401 Bacc. art. in Prag.

*Heidelberg:* 1405 in die Artistenfakultät rezipiert.

*Leipzig:* 1409 »mag. Cunradum de Hildensim Saxonem« (ML 6).

Gersdorf meint, in ML sei der Name in »Henning« zu korrigieren, doch trifft dies nicht zu. Siehe dazu Zarncke, Urkundl. Quellen, S. 786, Anm. *. Zarncke S. 911, Anm. 1 meint, daß Konrad die Universität Leipzig bereits zwischen dem 24. Oktober und 2. Dezember 1409 wieder verlassen hat oder verstorben ist.

*Wien:* 1410 an der Universität Wien, wo er später zum Lic. decr. und Bacc. theol. promoviert.

Kirchliche Karriere und Pfründen: 1430

Kanonikat im Kollegiatstift St. Johann zu Regensburg.

Tod und Grab: 1430 als Regensburger Kanoniker verstorben.

Schriften: »Responsiones contra Ieronimum de Praga«, Wien 1410.

Literatur: Gersdorf, Universität, S. 31, Anm. 48. – Zarncke, Urkundl. Quellen, S. 786 und 911. – Tříška, Repertorium, S. 75.

### Konrad Krekau aus Stettin

Herkunft: Sächsische Nation (Leipzig). Stammt aus Stettin.

*Prag:* 1402 Bacc., 1406 Mag. art.

*Leipzig:* »mag. Conradus Krekaw« (PL 32).

1410 SS »mag. Conradus Krekaw de Stetyn« immatrikuliert.

Literatur: Gersdorf, Universität, S. 30, Anm. 32. – CDS II, Bd. 16, S. 32 (S 3). – Schumann, »nationes«, S. 188. – Tříška, Repertorium, S. 77.

### Laurentius Reynkonis aus Heilsberg

Herkunft: Polnische Nation (Leipzig). Stammt aus Heilsberg (Ostpreußen).

*Prag:* 1391 Bacc., 1396 Mag. art., 1396 in der Juristenuniversität intituliert. 1407 SS Dekan der Artistenfakultät. Wird 1408 noch als Prüfer in der Fakultät genannt. Erler (CDS II, Bd. 16, S. XLVII) meint, er sei erst 1411 Bakkalar, aber schon in der Leipziger Magisterliste wird er wohl als »baccalarius sacre theologie« gestanden haben, woraus durch Rasur ein »professor …« wurde.

*Leipzig:* 1409 »mag. Laurencius Heylsberg *professor* sacre theologie« (PL 12, *Nachtrag auf*

*Rasur*). – »mag. Laurencium Heilsberg Polonum sacre theol. bacc.« (ML 11)

1409 Dezember 28 »de natione Polonorum«, Examinator der Magister.

1409–1416 Kollegiat am Kleinen Kolleg.

Seine damalige Lehrtätigkeit in Leipzig ist durch die »cedula actuum« des Johannes von Weißenbach belegt, der sich im WS 1410/11 für die Bakkalaureatsprüfung anmeldet.

1411–1413 Vizekanzler.

1411/12 WS Rektor (»mag. in art. et sacre theologie baccalarius«).

Frühestens 1412 Mitglied der Theologischen Fakultät.

1412 September 14 Examinator für die Bakkalaureatsprüfungen.

1416–1425 Kollegiat am Großen Kolleg.

Kirchliche Karriere und Pfründen: 1401 Subdiakon der Diözese Ermland. 1423 Domkanonikat in Frauenburg.

Tod und Grab: 1443 in Frauenburg (Bistum Ermland), dort im Dom begraben.

Literatur: Gersdorf, Universität, S. 27, Anm. 12. – CDS II, Bd. 16, S. XLVII und S. 37. – CDS II, Bd. 17, S. LXXXV, S. 91 und 94 f. – Schumann, »nationes«, S. 186. – Bicherl, Magister, S. 228. – Tříška, Repertorium, S. 338 (wohl unvollständig). – Kusche, *Ego collegiatus* 2, S. 703–705 Nr. 135. – Professoren und Dozenten, S. 132. – Stewing, Vier studentische Belegzettel, S. 75.

### Lubert Starten aus Osnabrück

Herkunft: Bayerische Nation (Leipzig). Stammt aus Osnabrück.

*Prag:* 1403 Bacc., 1408 Mag. art. Magisterprüfung gemeinsam mit Georg Below und Peregrinus von Ziegenberg. Einer der Prüfer war Johannes Hus. Er muß als »licenciatus« oder »baccalarius med.« nach Leipzig gekommen sein, da in der Magisterliste der Doktorgrad nachgetragen wurde.

*Leipzig:* 1409 »mag. Lubertus de Osenbrug *doctor* medicine« (PL 42, *Nachtrag auf Rasur*). – »mag. Lubbertum de Ozenbrugg Bavarum« (ML 39).

Wie der Nachtrag des Doktortitels auf Rasur vermuten läßt, war er 1409 wohl Bakkalar der Medizin. Den Grad eines Doktors der Medizin hat er erst 1424/25 geführt.

1409 November 30 »de nacione Bavarorum«, Examinator für die Bakkalaureatsprüfungen.

1412 Mai 25 Examinator für die Bakkalaureatsprüfungen.

1416 SS Rektor (»doctor in medicinis et mag. in art.«).

In der undatierten Liste der Doktoren der Medizinischen Fakultät steht er an 6. Stelle.

In einem im WS 1424/25 angelegten Verzeichnis der Bayerischen Nation erscheint »magister Lubertus de Osenburg, doctor in medicinis«.

Kirchliche Karriere und Pfründen: 1419 Kanonikat im Kollegiatstift St. Johann zu Osnabrück.

Tod und Grab: Gestorben 1426.

Literatur: Gersdorf, Universität, S. 30, Anm. 42. – Zarncke, Statutenbücher, S. 157. – CDS II, Bd. 16, S. XLVII und S. 50. – CDS II, Bd. 17, S. 69, 90 und 94. – Schumann, »nationes«, S. 188. – Tříška, Repertorium, S. 341. – Kusche, *Ego collegiatus* 2, S. 709 f. Nr. 138.

## Martin Kranach

Herkunft: Bayerische Nation (Leipzig). Stammt aus Kronach in Oberfranken. In Prag wird er auch Martinus Ekhart genannt.

*Prag:* 1401 intituliert an der Juristenuniversität. 1404 Bacc., 1407 Mag. art.

*Leipzig:* 1409 »mag. Martinus Kranach« (PL 38). – »mag. Martinum Kranach« (ML 35).

»mag. Martinus Kranach Pragensis« steht im Verzeichnis der Mitglieder der Artistenfakultät von 1436, doch findet sich sein Name ansonsten in der universitären Überlieferung nicht.

*Heidelberg:* 1416 Juli 28 wird »Martinus de Kranach, mag. in art. Pragensis, Bamberg. dyoc.« in die Artistenfakultät aufgenommen.

Literatur: Gersdorf, Universität, S. 30, Anm. 38. – Matrikel der Universität Heidelberg 1, S. 130. – CDS II, Bd. 17, S. 141. – Schumann, »nationes«, S. 188. – Tříška, Repertorium, S. 353.

## Nikolaus Fabri aus Sagan

Herkunft: Polnische Nation (Leipzig). Stammt aus Sagan in Schlesien.

*Prag:* 1402 Bacc., 1406 Mag. art.

*Leipzig:* 1409 »mag. Nicolaus Fabri de Sagano *doctor medicine*« (PL 34, *Nachtrag*). – »mag. Nicolaum Fabri Polonum« (ML 32)

1410 Februar 8 »de nacione Polonorum«, Examinator bei den Bakkalaureatsprüfungen.

Seine damalige Lehrtätigkeit in Leipzig ist durch die »cedula actuum« des Johannes von Weißenbach belegt, der sich im WS 1410/11 für die Bakkalaureatsprüfung anmeldet. (siehe Abb. 14)

In der undatierten Liste der Doktoren der Medizinischen Fakultät steht er an 8. Stelle.

Schriften: Quästio eines Quodlibets von 1409.

Literatur: Gersdorf, Universität, S. 30, Anm. 34. – CDS II, Bd. 17, S. 69 und 91. – Schumann, »nationes«, S. 188. – Bicherl, Magister, S. 217. – Tříška, Repertorium, S. 417. – Stewing, Vier studentische Belegzettel, S. 75.


### Nikolaus Stör aus Schweidnitz

Herkunft: Polnische Nation (Prag und Leipzig). Stammt aus Schweidnitz (Schlesien). In der älteren Literatur wird er mit irrig zwei weiteren Personen in Verbindung gebracht: Nikolaus Stör von Liegnitz, der sich im WS 1409/10 in Leipzig immatrikuliert. Im SS 1411 immatrikuliert sich in Leipzig Nikolaus Kindelmann aus Liegnitz . Dieser ist im WS 1419/20 Dekan der Artistenfakultät, SS 1421 Rektor (»art. mag.«), 1424 Februar 18 »mag. Nicolaus de Legenicz« Determinator bei einer Magisterprüfung.

*Prag:* Um 1387 immatrikuliert, 1389/90 WS Bacc., 1393 Mag. art., 1394 in der Juristenuniversität intituliert, 1399 SS Dekan der Artistenfakultät. 1395–1405 Examinator und Inhaber verschiedener anderer Ämter in der Artistenfakultät. 1401/02 Rektor der Dreifakultätenuniversität. 1405–1408 Sentenziar in der Theologischen Fakultät, gleichzeitig mit Johannes Hus.

*Leipzig:* 1409 »mag. Nicolaus Stör professor« (PL 5). – »mag. Nicolaum Stör Polonum« (ML 8). 1409 Kollegiat am Großen Kolleg.

1410 September 14 »de natione Polonorum«, Examinator bei den Bakkalaureatsprüfungen.

Nach 1410 Dr. theol., Aufnahme in die Theologische Fakultät.

Kirchliche Karriere und Pfründen: 1396 Subdiakon und Priester.

Tod und Grab: 1424 verstorben.

Schriften: »Expositio missae« (wahrscheinlich von 1412). – »Super canone missae«. – »Super sententiis conclusiones lib. I«. – »Super veteri arte comment. lib. I«. – »Tractatus de officio missae«. – Mehrere Predigten. – Quästio eines Quodlibets von 1409. Handschrift Leipzig, Universitätsbibliothek, Ms. 326, fol. 163r–269r; Ms. 613, fol. 2r–148r.

Literatur: Gersdorf, Universität, S. 26, Anm. 5. – CDS II, Bd. 16, S. 27 (P 31), 36 (P 41) und 67. – CDS II, Bd. 17, S. 92, 99 und 101. – Schumann, »nationes«, S. 185. – Tříška, Literární cinnost, S. 126 Nr. 12. – Bicherl, Magister, S. 150–152. – Tříška, Repertorium, S. 420f. – VL 9, Sp. 352–355 (Franz Josef Worstbrock). – Kusche, *Ego collegiatus* 2, S. 762–765 Nr. 170. – Professoren und Dozenten, S. 143.


### Peregrinus von Ziegenberg (Ostpreußen)

Herkunft: Polnische Nation (Leipzig). Aus einem ritterbürtigen Geschlecht.

*Prag:* 1406 Bacc., 1408 Mag. art. Magisterprüfung gemeinsam mit Georg Below und Lubert Starten. Einer der Prüfer war Johannes Hus.

*Leipzig:* 1409 »mag. Peregrinus de Czegenberg« (PL 43). – »mag. Peregrinum de Czigenberg Polonum« (ML 40).

1410 Mai 14 »de natione Polonorum«, Examinator bei den Bakkalaureatsprüfungen.

Kirchliche Karriere und Pfründen: 1411 erhält er wegen der Pfarrkirche in »Lessyn

Pomeran(ensis) diocesis« Weiheaufschub für fünf Jahre. 1420 »clericus Colon(iensis)« und »lic. decr.«, womit aber nicht vereinbar ist, daß er 1420 »clericus Culmen(sis) diocesis« genannt wird und ein Kanonikat im Ermland erhält. 1420 erscheint er auch als »rector parochialis ecclesie in Strosberg Culmen(sis) diocesis« und erhält die Erlaubnis »audiendi leges in studio«.

Literatur: Gersdorf, Universität, S. 31, Anm. 43. – CDS II, Bd. 17, S. 91. – Schumann, »nationes«, S. 189. – Tříška, Repertorium, S. 441.


## Petrus Cossenblatt aus Luckau

Herkunft: Polnische Nation (Leipzig). Stammt aus Luckau (Niederlausitz).

*Prag:* 1399 Bacc. art. 1404 Lic. und Mag. art.

*Leipzig:* 1409 »mag. Petrus de Lockaw Misnensem« (ML 28).

Obwohl er 1409 schon als Mitglied der Artistenfakultät verzeichnet wird, ist er wohl erst Jahre später nach Leipzig gekommen.

1414 SS wird »magister Petrus Cassenblot Pragensis« in der Polnischen Nation immatrikuliert. Aufgrund seiner Herkunft aus Luckau gehörte er aber zur Meißnischen Nation, denn die Lausitzen wurden seit 1411 dazu gerechnet.

1416 Februar 24 ist »mag. Petrus Cossenblot de nacione Misnensium« Examinator für die Bakkalaureatsprüfungen.

1418 SS Dekan der Artistenfakultät.

Literatur: Gersdorf, Universität, S. 32, Anm. 49. – Zarncke, Urkundl. Quellen, S. 786, Anm. * und 911. – CDS II, Bd. 16, S. XXXIV f. und S. 46 (P 13). – CDS II, Bd. 17, S. 97 f. – Tříška, Repertorium, S. 452 (Kosseblut).

## Petrus Storch aus Zwickau

Herkunft: Polnische Nation (Prag), Meißnische Nation (Leipzig). Stammt aus einer Bürgerfamilie in Zwickau.

*Prag:* 1393 Bacc., 1397 Mag. art., 1398 immatrikuliert an der Juristenuniversität. 1399–1408 Examinator und Inhaber anderer Ämter in der Artistenfakultät, WS 1404/05 auch Dekan. Wird 1408 letztmalig als Magister in der Fakultät genannt. Den Grad des Bacc. theol. wird er noch in Prag erlangt haben, denn anders wäre die durch Rasur geänderte Angabe in der Leipziger Präsentationsliste nicht zu erklären.

*Leipzig:* 1409 »mag. Petrus Storch sacre theologie *professor*« (PL 13, *Nachtrag auf Rasur*): – »mag. Petrum Storch Misnensem« (ML 12).

1409 Dezember 28 »de natione Misnensium«, Examinator der Magister.

1409 vielleicht Kollegiat im Kleinen Kolleg, sicher ab diesem Jahr aber Kollegiat im Großen Kolleg.

1410 Mai 14 Examinator bei den Bakkalaureatsprüfungen.

1411 Dezember 13 Examinator bei den Bakkalaureatsprüfungen.

1412 Mai 25 Examinator bei den Bakkalaureatsprüfungen.

1412/13 WS Dekan der Artistenfakultät.

1413/14 WS Rektor (»mag. in art. et sacre theologie baccalarius formatus«).

1414 Professor für Theologie.

Die Universität Leipzig vertritt er 1414 zusammen mit Albert Varrentrapp und Johannes Ottonis auf dem Konstanzer Konzil.

1430 »magister s. paginae«.

Kirchliche Karriere und Pfründen: 1407 Subdiakonats-, Diakonats- und Priesterweihe im

Bistum Naumburg. 1419(?)–1431(†) Kanonikat im Kollegiatstift Zeitz. 1428 »vicaria regia« in Merseburg und Vikarie in St. Marien zu Zwickau.

Tod und Grab: 1431 August 7 in Leipzig.

Schriften: Quästio eines Quodlibet. – »Summa moralis«. – »Commentarius in Apocalypsim«. Leipzig, Universitätsbibliothek, Ms. 865, fol. 37v–39r, 87v–89r; Ms. 1090, fol. 25r–38r, 38v–44v.

Literatur: Gersdorf, Universität, S. 27, Anm. 13 (mit Angabe der älteren Literatur). – CDS II, Bd. 16, S. 43. – CDS II, Bd. 17, S. 91 und 93–95. – Schumann, »nationes«, S. 186. – Bicherl, Magister, S. 180. – VL 9, Sp. 362–364 (Franz Josef Worstbrock). – Tříška, Repertorium, S. 462. – Cottin, Universitätskanonikate, S. 284, 305, 309 und 311. – Kusche, *Ego collegiatus* 2, S. 792 f. Nr. 186. – Professoren und Dozenten, S. 143 f.


**Petrus Wegun aus Prenzlau**

Herkunft: Sächsische Nation (Prag und Leipzig). Stammt aus Prenzlau.

*Prag:* 1387 Bacc., 1389 Mag. art., 1389 intituliert in der Juristenuniversität, 1393–1408 Examinator und Inhaber anderer Ämter in der Artistenfakultät, WS 1406/07 auch Dekan. Wird dort 1408 letztmalig im »Liber decanorum« genannt.

*Leipzig:* »mag. Petrus de Primslavia« (PL 9). – »mag. Petrum de Premslavia Saxonem« (ML 7).

1410 Dezember 28 »de nacione Saxonum«, Examinator der Magister.

1414 SS Rektor (»mag. in art.«).

1418 Dezember 28 Examinator für die Magisterprüfungen.

1421 SS Dekan der Artistenfakultät.

1424 März 8 Examinator für die Bakkalaureatsprüfungen.

1424 März 8 Determinator bei einer Bakkalaureatsprüfung.

1429 September 14 Examinator für die Bakkalaureatsprüfungen.

1430 Januar 6 Examinator für die Magisterprüfungen.

1431 Februar 17 Examinator für die Bakkalaureatsprüfungen.

1432 Januar 19 Examinator für die Magisterprüfungen.

1432 Juni 8 Examinator für die Bakkalaureatsprüfungen.

Schriften: »Consequenciarum disputata«. – »Lectura super Metaphysicam Aristotelis«. – »Disputata Analyticorum«. – »Questiones in librum Analyticorum posteriorum« (zweifelhaft). – Quästio im Quodlibet 1409.

Literatur: Gersdorf, Universität, S. 26, Anm. 9. – CDS II, Bd. 16, S. 45. – CDS II, Bd. 17, S. 92, 98, 100–102 und 109–113. – Schumann, »nationes«, S. 186. – Tříška, Literární cinnost, S. 116 Nr. 13. – Tříška, Repertorium, S. 466. – Kusche, *Ego collegiatus* 2, S. 794 f. Nr. 187.


**Timotheus von Mergenau (Marienau) (Westpreußen)**

Herkunft: Polnische Nation (Prag und Leipzig).

*Prag:* 1395 Bacc., 1402 Mag. art. 1405–1407 Examinator und Inhaber eines anderen Amtes in der Fakultät. 1405 intituliert in der Juristenfakultät.

*Leipzig:* 1409 »mag. Thymoteus de Mergenaw« (PL 23): – »mag. Tymoteum de Mergenow Polonum« (ML 22).

1409 November 30 »de nacione Polonorum«, Examinator bei den Bakkalaureatsprüfungen.

Seine damalige Lehrtätigkeit in Leipzig ist durch die »cedula actuum« des Johannes von Weißenbach belegt, der sich im WS 1410/11 für die Bakkalaureatsprüfung anmeldet.

1410/11 WS Dekan der Artistenfakultät.

1410 Dezember 28 Examinator der Magister.

1411 Dezember 13 Examinator bei den Bakkalaureatsprüfungen.

1413 Dezember 28 Examinator der Magister.

1416 Dezember 13 gehört er zu den Examinatoren bei den Bakkalaureatsprüfungen.

1416 Dezember 28 gehört er zu den Examinatoren bei den Magisterprüfungen.

1417 Juni 4 gehört er zu den Examinatoren bei den Bakkalaureatsprüfungen.

1417/18 WS Dekan der Artistenfakultät II.

1418 September 18 Examinator bei den Bakkalaureatsprüfungen.

1421 Februar 5 Examinator bei den Bakkalaureatsprüfungen.

1423 SS Rektor (»art. mag.«).

1428 Februar 18 Examinator bei den Bakkalaureatsprüfungen.

1430 Juni 7 Examinator bei den Bakkalaureatsprüfungen.

1432 März 8 Examinator bei den Bakkalaureatsprüfungen.

Literatur: Gersdorf, Universität, S. 29, Anm. 23. – CDS II, Bd. 16, S. 75. – CDS II, Bd. 17, S. 90, 92–93, 95, 97–99, 107, 110 und 113. – Schumann, »nationes«, S. 187. – Bicherl, Magister, S. 200. – Tříška, Repertorium, S. 511. – Kusche, *Ego collegiatus* 2, S. 821–823 Nr. 201. – Stewing, Vier studentische Belegzettel, S. 74 f.

## Vinzenz Grüner (Gruner) aus Zwickau

Herkunft: Meißnische Nation (Leipzig). Stammt aus Zwickau.

*Prag:* 1394 Bacc., 1398 Mag. art. 1399–1408 Examinator und Inhaber anderer Ämter in der Artistenfakultät. 1408 intituliert in der Juristenuniversität. 1409 oder früher Bacc. theol.

*Leipzig:* 1409 »mag. Vincencius Grüner bacc. sacre theologie« (PL 16). – »mag. Vincencium Gruner de Czwigkaw Misnensem, secundum vicecancellarium« (ML 15).

1410 Februar 8 »de nacione Misnensium«, Examinator bei den Bakkalaureatsprüfungen.

1410 SS Dekan der Artistenfakultät.

1410 Vizekanzler.

Seine damalige Lehrtätigkeit in Leipzig ist durch die »cedula actuum« des Johannes von Weißenbach belegt, der sich im WS 1410/11 für die Bakkalaureatsprüfung anmeldet (siehe Abb. 14).

1410/11 WS Rektor (»mag. in art. et sacre theologie baccalarius«).

1411 März 4 Examinator bei den Bakkalaureatsprüfungen.

1413 Dezember 28 Examinator bei den Magisterprüfungen.

Kirchliche Karriere und Pfründen: Vinzenz Grüner hat dem Zisterzienserkloster Altzelle nicht angehört und ist deshalb auch nicht mit dem Abt Vinzenz zu identifizieren.

Tod und Grab: Vor 1421 gestorben und begraben im Zisterzienserkloster Altzelle.

Schriften: »Expositio tractatus de regimine et constructione partium orationis«. – »Disputata (quaestiones) VIII librorum Politicorum«. – Quästio eines Quodlibets. – »Ars rethorica«.

Literatur: Gersdorf, Universität, S. 27, Anm. 16

(mit Angabe der älteren Literatur). – CDS II, Bd. 16, S. 33. – CDS II, Bd. 17, S. 91, 93 und 95. – Schumann, »nationes«, S. 186. – Tříška, Literární cinnost, S. 128 Nr. 17. – Bicherl, Magister, S. 188 f. – VL 11, Sp. 561–567 (Franz Josef Worstbrock). – Tříška, Repertorium, S. 536. – Bünz, Kloster Altzelle, S. 261–264. – Kusche, *Ego collegiatus* 2, S. 828–830 f. Nr. 205. – Professoren und Studenten, S. 102. – Stewing, Vier studentische Belegzettel, S. 75.


### Vinzenz Vyau aus Neisse

Herkunft: Polnische Nation (Leipzig). Stammt wohl aus Neisse (Schlesien).

*Krakau:* Vor 1383 an der Universität Krakau.

*Prag:* Vor 1383 1383 Bacc., 1387 Mag. art., dann Dr. med.

*Leipzig:* 1409 »mag. Vincencius Wyaw doctor medicine« (PL 3).

1410 SS »mag. Vincencius Vyau« immatrikuliert. Er war also bei der Gründung der Universität noch nicht anwesend.

In der undatierten Liste der Doktoren der Medizinischen Fakultät steht »magister Vincencius de Nysa« an dritter Stelle.

Literatur: Gersdorf, Universität, S. 26, Anm. 3. – CDS II, Bd. 16, S. 32 (P 1). – CDS II, Bd. 17, S. 69. – CDS II, Bd. 18, S. 897. – Schumann, »nationes«, S. 185. – Bicherl, Magister, S. 105. – Tříška, Repertorium, S. 537.

Der umfassenden Auswertung dieser Prosopographie soll hier nicht vorgegriffen werden, doch können einige statistische Befunde schon hervorgehoben zu werden. Dabei ist zunächst noch einmal darauf hinzuweisen, daß die Präsentationsliste und die Magisterliste von 1409 nicht vollständig übereinstimmen. Sechs Personen erscheinen nur in der Präsentationsliste (Anselm von Frankenstein, Johannes von Schleinitz, Johannes Voss, Konrad Krekau, Dietrich Sukow, Vinzenz Vyau). Vier Personen werden hingegen nur in der Magisterliste genannt (Franziskus aus Dresden, Konrad aus Hildesheim, Petrus Cossenblatt, Dietrich Fredeland). 40 Magister erscheinen hingegen in beiden Listen.

28 Prager Magister sind 1409 in Leipzig nachweisbar: Albert Varrentrapp, Arnold Stalle, Georg Below, Gerhard Hogenkirche (der 1409 allerdings kurzen Umweg über Erfurt nahm), Heinrich Bernhagen, Helmold Gledenstede, Henning Boltenhagen, Henning von Hildesheim, Hermann Daum, Hermann Schippmann, Johannes Eschenbach, Johannes Hamme, Johannes Hilden, Johannes Hoffmann, Johannes Lobek, Johannes Ottonis aus Münsterberg, Johannes Czach, Laurencius Reynkonis, Lubert Starten, Martin Kranach, Nikolaus Fabri, Nikolaus Stör, Peregrinus von Ziegenberg, Petrus Storch, Petrus Wegun, Dietrich Borchdorp, Timotheus von Mergenau und Vinzenz Grüner.

Weitere neun Prager Magister kamen wenig später nach *Leipzig:* 1410 Anselm von Frankenstein, Johannes Bolk, Johannes Ditmar, Johannes Wünschelburg, Konrad Krekau, Dietrich Sukow, Vinzenz Vyau, 1413 Dietrich Fredeland, 1414 Petrus Cossenblatt.

Es gibt aber auch acht Prager Hochschullehrer, die zwar in den beiden Listen von 1409 erscheinen, aber nicht in Leipzig nachweisbar sind: Franziskus aus Dresden, Henning Klokau, Johannes Benin, Johannes Frankenstein, Johannes Hutmann, Johannes Treteber, Johannes Voss und Konrad aus Hildesheim. Ob es nur dem Überlieferungszufall geschuldet ist oder sie tatsächlich nie an der Universität Leipzig tätig wurden, muß dahingestellt bleiben. Solange es keine anderen Anhaltspunkte gibt, wird man diese acht Magister jedenfalls nicht für Leipzig in Anspruch nehmen können.

Schließlich begegnen neben den Pragern 1409 fünf Magister, die von anderen Universitä-ten nach Leipzig gekommen sind. Von vieren ist allerdings bekannt, daß sie vorher auch in Prag gewirkt haben: Burkhard Tunzmann aus Wien, Hartung Lange aus Erfurt, Heinrich Rosenberg aus Krakau bzw. Erfurt und Johannes von Schleinitz aus Bologna. Lediglich für Albert Widenbach, der aus Paris nach Leipzig kam, läßt sich keine frühere Tätigkeit in Prag nachweisen.

Zusammenfassend darf festgehalten werden, dass die Präsentationsliste und die Magisterliste von 1409 tatsächlich ganz überwiegend, wenn auch nicht ausschließlich Prager Magister verzeichnen, die 1409 oder wenig später an die Universität Leipzig gewechselt sind.

# II.
## Die Gründungsdokumente
## (Edition und Übersetzung)

# Die Einrichtung der Edition

Das Regest (mit Ausnahme der laufenden Nummer) und sämtliche vom Bearbeiter stammenden Zusätze erscheinen in Kursivdruck, die Wiedergabe des Quellentextes erfolgt in Normaldruck.

Das Regest besteht aus folgenden Teilen: Kopf und Text des Regestes, verbunden mit der Angabe der Datierung, der Beschreibung des Stückes (in den Abschnitten ›Original‹ und ›Kopie‹) und dem Nachweis bisheriger Veröffentlichungen (ggf. ergänzt um die Abschnitte ›Register‹ und ›Formular‹), dem sich eine knappe Vorbemerkung zur Edition anschließt. Die kurialen Vermerke von Nr. 1 und 3 werden ihrer Position gemäß wiedergegeben: Zunächst erfolgt die Anführung der sich auf der Vorderseite der Urkunde (recto) befindenden Notizen. Die Verzeichnung beginnt mit den Kanzleivermerken, welche oberhalb des Textblockes positioniert sind, denen sich die Notizen auf und unter der Plica anschließen (jeweils von links nach rechts). Kuriale Vermerke, die sich auf der Rückseite der Urkunde (verso) befinden, sind in der gleichen Weise – von oben nach unten, von links nach rechts – angeführt worden. Der Siegelort wird am Ende eines Stückes mit dem Kürzel ›B.‹ (bulla, Bleibulle) bzw. mit ›B. D.‹ (bulla deperdita, Bleibulle verloren) angezeigt.

Der Text der Edition gibt die Orthographie und Grammatik der Vorlage in der Regel unverändert wieder. Editorische Eingriffe beschränken sich auf die Normalisierung einiger weniger Buchstaben, auf die Groß- und Kleinschreibung, die Interpunktion sowie in einigen Fällen auch auf die Verbesserung offensichtlicher Fehler.

Die orthographische Vereinheitlichung betrifft folgende Buchstaben: Im Unterschied zur Schreibweise der Vorlage wird *u* stets vokalisch, *v* dagegen stets konsonantisch gebraucht. Die Buchstaben *i* und *j* werden in der Edition durch *i* wiedergegeben. Eigennamen sind (bis auf *i longa* = *i*) von der Normalisierung ausgenommen, ihre Wiedergabe erfolgt buchstabengetreu.

Falls die Auflösung einer Kürzung eindeutig ist, wird dasjenige Wort, welches in der Vorlage gekürzt erscheint, im Text der Edition zu seinem vollen Wortlaut ergänzt.

Verlängerte Schrift der Vorlage wird im Druck durch Großbuchstaben bzw. durch Kapitälchen wiedergegeben. Rundes oder langes *s*, Ligaturen und ähnliche graphische Merkmale sind nicht durch spezielle Drucktypen kenntlich gemacht worden. Der Zeilenwechsel der Vorlage wird in der Edition durch einen senkrechten Strich | angezeigt. Versalien werden für die Initialen von Sätzen und Namen, kleine Buchstaben für den übrigen Text verwendet.

Bezüglich der Getrennt- und Zusammenschreibung lehnt sich die Edition eng an die Vorlage an. Die Interpunktion ist eine sinngemäße, die nicht auf der Zeichensetzung der Vorlage beruht, sondern nach modernen, das Verständnis des Textes fördernden Gesichtspunkten angelegt ist.

Eckige Klammern finden Anwendung bei der Ergänzung unleserlicher Textstellen sowie bei Konjekturen, auf die zusätzlich in einer Anmerkung hingewiesen wird.

Textkritische Anmerkungen werden mit Kleinbuchstaben (a, b, c usw.) gekennzeichnet; sie enthalten Angaben zur Schreibweise der Vorlage (bei Emendationen), zu Rasuren, Korrekturen, Tinten- und Händewechsel, Textvarianten usw.

Sachanmerkungen erhalten arabische Ziffern (1, 2, 3 usw.); sie dienen Erläuterungen verschiedener Art und geben Hinweise auf im Text erwähnte Urkunden bzw. auf Quellen, die als Zitat oder Paraphrase angeführt worden sind.

# 1.

*Papst Alexander V. bewilligt Friedrich (IV.) und Wilhelm (II.), Landgrafen von Thüringen, Markgrafen von Meißen und Pfalzgrafen von Sachsen, die Gründung einer Universität in Leipzig.*

*1409 September 9, Pisa*

*Original: Dresden, Hauptstaatsarchiv, 10001, Ältere Urkunden, OU. 5471 (A) = Abb. 36a-b in diesem Band; weitere Abbildungen: Dokumente zur deutschen Geschichte, S. 10 und Tafel 10; Hoyer, Die Gründung der Leipziger Universität, Tafel nach S. 32; ders., Die Gründung einer Universität, S. 80; ders., Die scholastische Universität, S. 13; Blaschke, Geschichte Sachsens, S. 353; Mingroot, Sapientie immarcessibilis, S. 180, Abb. 74; Lang, Die Universität Leipzig, S. 90, Abb. 54; Bünz, Die Gründung der Universität Leipzig, S. 30, Abb. 5; Erleuchtung der Welt, T. 2, S. 30, Abb. 17 und S. 33 (Text) — Provenienz: Landgrafen von Thüringen und Markgrafen von Meißen[1) — Pergament: 63,0 cm breit, 42,0 cm hoch, Plica 7,3 cm — Urkundenart: Bulle* Ad perpetuam rei memoriam *(littera sollemnis)[2) — Besieglung verloren (zwei Schnitte in der Plica und im darunterliegenden Pergament)[3).*

1)   *Von der Urkunde Alexanders V., deren Ausstellung auf Bitten der beiden Wettiner erfolgte, ist nur ein Exemplar überliefert. Diese Ausfertigung wiederum, nämlich A, wurde nicht der Universität, sondern den Petenten übergeben, die das Schreiben – nach der in Leipzig am 13. November 1409 vorgenommenen Transsumierung (siehe unten mit Anm. 16–18) – dem landesherrlichen Archiv einverleibten, aus dem es schließlich ins heutige Dresdner Hauptstaatsarchiv gelangte. Es ist wenig wahrscheinlich, daß weitere Exemplare der Urkunde – etwa für die Leipziger Universität oder den Bischof von Merseburg als deren Kanzler – ausgefertigt worden sind, wie Gersdorf, Beitrag, S. 12, Anm. * annimmt; vgl. dazu auch Zarncke, Urkunden, S. 483–485.*
2)   *Zu dieser Urkundenart vgl. einführend Frenz, Papsturkunden, S. 27–29 (I documenti pontifici, S. 26 f.); des weiteren Diekamp, Urkundenwesen, S. 501 f.; Bresslau, Urkundenlehre I, S. 82–84; Schmitz-Kallenberg, Papsturkunden, S. 100 f., 109 f.; Burger, Beiträge, besonders S. 209, 214–221; Frenz, Schriftformen, T. 1, besonders S. 357 f., 361 f.; ders., Kanzlei, S. 61 f. sowie Rabikauskas, Dipl. pontificia, S. 49, 80, 143.*
3)   *Die heute verlorene Bleibulle und die Siegelfäden werden im Vidimus von 1409 November 13 (Kopie: Leipzig, Universitätsarchiv, Rektor M 1 [Matrikel 1; olim: A'], fol. 4r, 5rv, hier fol. 5r–5v) wie folgt beschrieben:* Bulla vero rotunda et plumbea in cordula sericia duplicis coloris glauci [sic, statt flavi] et rubei more Romane curie erat appensa. In cuius facie palam legebantur hee littere et habebantur „Allexander papa q(u)int(us)" [sic; *der Namensstempel Papst Alexanders V. besitzt die Aufschrift* ⁝ ALE|XANDER | ⁝ P͞P ⁝ V ⁝ ]. In alio vero latere hee facies apparebant patenter, scilicet Petri et Pauli apostolorum, cum cruce intermedia, et hee littere „s(an)c(t)us Pa, s(an)c(t)us Pe" [sic; *der Apostelstempel zeigt die Aufschrift* SPASPE]. *Zur Überlieferung des Vidimus siehe auch unten mit Anm. 16–18; zur Bleibulle Alexanders V. vgl. unten Nr. 3, Anm. 2.*

*Kuriale Vermerke:*

| | | |
|---|---|---|
| *R e c t o :* | *oben, in der linken Ecke:* | *vertikaler, mit Zierelementen versehener Strich*[4] |
| | *oben, Mitte – halbrechts:* | *2 Rasuren (ca. 4,2 bzw. 17,3 cm)*[5] |
| | *oben, in der rechten Ecke:* | *I*[6]*, rechts daneben eine kleine Rasur (ca. 0,8 cm)* |
| | *am linken und rechten Rand:* | *mehrere Rasuren*[7] |
| | *auf der Plica, rechts:* | *R̷ta gratis* |
| | | *Io. Ilsung*[8] |
| | *daneben (rechts):* | *X*[9] |

4)   *Die Vermerke in der linken und rechten oberen Ecke von A zeigen an, daß die Urkunde überprüft und vom Vize-kanzler Iohannes zur Besiegelung freigegeben worden ist, wobei sich die Initiale seines Vornamens, ein langgezogenes J (in Edition I), in der rechten oberen Ecke des Blattes befindet (siehe bei Anm. 6), während der Vermerk in der linken oberen Ecke, ein vertikaler und mit Zierelementen versehener Strich, im Sinne von* lecta *zu interpretieren ist. Vgl. hierzu Nyberg, Geschäftsgang, S. 226; Frenz, Kanzlei, S. 124; Schwarz, PU Niedersachsen, S. XXIV f.; Zutshi, Papal letters England, S. LXXIV–LXXVI; Rabikauskas, Dipl. pontificia, S. 124 f.; Frenz, Papsturkunden, S. 93, Nr. 19, S. 97, S. 103, Position 1 und 4-a (I documenti pontifici, S. 77, Nr. 19, S. 81, S. 86, Position 1 und 4-a) sowie Haller, Ausfertigung, S. 8 mit Anm. 6, S. 29, § 24 und Schmitz-Kallenberg, Practica, S. 31 f.; die Vermerke sind u. a. abgebildet bei Zöllner, PU Magdeburg I, Tafel I (nach S. 52), Abb. 10 und 11 (siehe dazu S. 70, Nr. 96); Barbiche III, S. 512, Figur 33 und 34; Schwarz, PU Niedersachsen, S. 276, Figur 47 und 48; weitere Nachzeichnungen im SB III, z. B. S. 630, Nr. 7049. Zum päpstlichen Vizekanzler Jean (Iohannes) de Brogny, Kardinalbischof von Ostia, vgl. Ottenthal, Regulae, S. 270 (Register) s. v. de Broniaco Johannes; Baumgarten, Von der apostol. Kanzlei, S. 119–123, 127–131, 136–139 und S. 166 f. (Register) s. v. Johannes de Bronhiaco; Bresslau, Urkundenlehre I, S. 263, 743 sowie Hayez, Brogny (Jean de), Sp. 709 f.*

5)   *Rasuren, die sich in dieser Position und an den Seitenrändern (siehe bei Anm. 7) befinden, zeigen die Tilgung von Korrekturvermerken an.*

6)   *Zu diesem Vermerk siehe oben Anm. 4.*

7)   *Siehe oben Anm. 5.*

8)   *Die Reinschrift von A hat ein Skriptor namens Io(hannes) Ilsung besorgt, der seinen Namen rechts auf die Plica setzte. Dem gleichfalls von Iohannes Ilsung geschriebenen Vermerk R(escrip)ta gratis, der sich über seinem Namen befindet, ist zu entnehmen, daß es sich bei A um eine littera rescripta handelt, um eine Urkunde also, die neu mundiert worden ist, weil die erste Ausfertigung aufgrund größerer Fehler beanstandet worden war. Da diese Fehler nicht den Petenten anzulasten waren, erfolgte die neuerliche Reinschrift des Stückes kostenfrei. Zum Vorgang der Reskribierung und den litterae rescriptae vgl. Frenz, Kanzlei, S. 155–159; zum Vermerk* Rescripta gratis *siehe auch Zutshi, Papal letters England, S. LXVI f. Zum päpstlichen Skriptor Iohannes Ilsung vgl. Frenz, Problem, S. 260, Nr. 50; Kochendörffer, Päpstl. Kurialen, S. 570, Nr. 27; Largiadèr, PU Zürich, S. 191, Nr. 153, S. 201, Nr. 169; ders., PU Schweiz II, S. 404, 417 f.; Lupprian, PU Freising, S. 145, Nr. 20; MVB VI/1, S. 223, Nr. 318, S. 227 f., Nr. 329, S. 232 f., Nr. 344, S. 463, Nr. 801, S. 482 f., Nr. 837; MVB VI/2, S. 780; Paulhart, PU Oberösterreich, S. 171 f., Nr. IV; RG II/2, Sp. 166 (s. v. Johannes de Egwil alias dictus Ill-sungk); RG III, Sp. 207 (s. v. Johannes Elsung), 217 f.; RG IV/4, S. 232; SB IV, S. 582; Schmidt, PU Baden-Württemberg II, S. 640; ders., PU Norddeutschland, S. 222; Schuchard, Die Deutschen, S. 109 f., 259, 267; Schwarz, PU Niedersachsen, S. 219; Zaisberger, Kanzleivermerke, S. 426 f. sowie Zutshi, Papal letters England, S. 278, 294, 306.*

9)   *Vgl. die folgende Anmerkung.*

| | | |
|---|---|---|
| *Recto:* | *unter der Plica, links:* | C[10] |
| | *daneben (rechts):* | 9[11] |
| *Verso:* | *in der Mitte:* | R, *mit eingeschriebenem* .S.[12] |
| | *unten, in der Mitte:* | Solvit michi Francino.[13] |

10) *Nach Anfertigung der Reinschrift ist die Taxe, welche im vorliegenden Fall 100 (C) grossi Turonenses beträgt, links unter der Plica vermerkt worden (siehe Abb. 21 in diesem Band). Bevor man zur Besieglung schritt, wurde die Taxfestsetzung noch einmal überprüft. Der entsprechende Vermerk (X) befindet sich rechts auf der Plica, und zwar neben dem Namen des Schreibers (siehe bei Anm. 9). Die Angabe erfolgt nun in Kammergulden, floreni auri de camera, wobei einem Gulden 10 grossi und demzufolge 10 Gulden 100 grossi entsprechen. (Neben den Taxen für die Reinschrift und die Besieglung wurden noch weitere Gebühren erhoben, so z. B. eine Taxe für den Eintrag des Stückes ins päpstliche Register.) Vgl. hierzu zuletzt Frenz, Kanzlei, besonders S. 110f., 114f., 125f.; Zutshi, Papal letters England, S. LXIX–LXXI; Rabikauskas, Dipl. pontificia, S. 123–125 sowie Frenz, Papsturkunden, S. 93, Nr. 10, 21, S. 95, 98, S. 103f., Position 11-a, 9 (I documenti pontifici, S. 76f., Nr. 10, 21, S. 79, 81, S. 87, Position 11-a, 9).*

11) *Über die Bedeutung dieses Vermerks (Zeichen für com bzw. con = wohl comput.; siehe Abb. 21 in diesem Band) und dessen Urheber liegen keine gesicherten Erkenntnisse vor; vgl. hierzu Tangl, Taxwesen, S. 52–54; Jansen, Zum päpstl. Urkunden- und Taxwesen, S. 150; Schmitz-Kallenberg, Practica, S. 33, Anm. 2; Hofmann, Forschungen II, S. 162f.; RG II/1, S. 51\*; Schwarz, Schreiberkollegien, S. 146f.; Schmidt, Kanzleivermerke, S. 435f., 443; Frenz, Kanzlei, S. 125–127, 158f.; Zutshi, Papal letters England, S. LXIXf. sowie Frenz, Papsturkunden, S. 93, Nr. 21, S. 104, Position 12-a (I documenti pontifici, S. 77, Nr. 21, S. 87, Position 12-a).*

12) *Der Text der vorliegenden Urkunde ist ins päpstliche Register (siehe bei Anm. 15) eingetragen und anschließend vom Registrator Stephanus de Prato kollationiert worden, der einen längeren Nachtrag mit seiner Paraphe signiert und an das Ende des Registereintrags seinen vollen Namen gesetzt hat (vgl. unten Anm. l und jj). Ein entsprechender Vermerk auf der Rückseite von A dokumentiert die vollzogene Registrierung, wobei der sehr große, ca. 18 cm hohe Buchstabe R für R(egistrata) und das eingeschriebene S für S(tephanus), den päpstlichen Registrator, steht. Vgl. hierzu zuletzt Frenz, Kanzlei, S. 129–131; Schwarz, PU Niedersachsen, S. XXI–XXIV; Zutshi, Papal letters England, S. LXXXI–LXXXIX; Schmidt, PU Baden-Württemberg I, S. XXXI–XXXIII; Frenz, Papsturkunden, S. 65, S. 93, Nr. 25, S. 98, S. 105, Position 26-a (I documenti pontifici, S. 56f., S. 77, Nr. 25, S. 81f., S. 88, Position 26-a) und Schmidt, PU Norddeutschland, S. XV–XVIII. Zu Stephanus de Prato und seinem Vermerk vgl. u. a. Hofmann, Forschungen II, S. 81; Largiadèr, PU Zürich, S. 56; Zöllner, PU Magdeburg I, S. 70f., Nr. 97; ders., PU Magdeburg II, S. 256; MVB VI/1, S. XIVf., S. 257–261, Nr. 388, 391–393 und öfter; Schwarz, PU Niedersachsen, S. XXIV und S. 277, Figur 49; Zutshi, Papal letters England, S. LXXXVf.; Schmidt, PU Baden-Württemberg I, S. XXXIII; II, S. 755, Figur 47; ders., PU Norddeutschland, S. XVIII.*

13) *Dieser nicht sicher zu deutende Vermerk, mit dem eine Zahlung quittiert wird, befindet sich auf der Rückseite des Stückes am unteren Rand, und zwar rechts von den Einschnitten für die Siegelfäden. Der Vermerk des hier genannten Francinus erscheint im Zeitraum von 1402 bis 1410 auf päpstlichen Originalurkunden; vgl. Barbiche III, S. 430, Anm. 3; Jansen, Zum päpstl. Urkunden- und Taxwesen, S. 157f. (mit dem Versuch einer Interpretation); Largiadèr, PU Zürich, S. 200–202, Nr. 168–170; ders., PU Schweiz II, S. 433; MVB VI/1, S. 20f., Nr. 24 (erster Beleg), S. 330f., Nr. 493 (letzter Beleg); SB IV, S. 546; Schmidt, PU Baden-Württemberg II, S. 627 sowie S. 687f. (Appendix V/c: Rezeptoren); ders., PU Norddeutschland, S. 215 sowie S. 241f. (Appendix V/b: Rezeptoren); Schwarz, PU Niedersachsen, S. XXVII, Anm. 61; Zaisberger, Kanzleivermerke, S. 414 sowie Zutshi, Papal letters England, S. LXXX mit Anm. 171 und S. 275.*

*Verso:*      *unten, in der rechten Ecke:*    .Ia. de Papia *(kopfständig)*[14]

*Register (gleichzeitig): Città del Vaticano, Archivio Segreto Vaticano, Reg. Lat. 136, fol. 132r–133v (olim: CXXXIIIIr–CXXXVv) (R) = Abb. 22–25 in diesem Band.*[15]

*Kopie (1409): Transsumpt der Urkunde Papst Alexanders V. von 1409 September 9 (B) in einem Vidimus von 1409 November 13 (V); die Ausfertigung dieser Urkunde (T) ist verlorengegangen*[16] *— Kopie (saec. XV): Leipzig, Universitätsarchiv, Rektor M 1 (Matrikel 1; olim: A')*[17]*, fol. 4r–5v (Abschrift von T = Abb. 26–29 in diesem Band)*[18]*, hier fol. 4r–5r (Abschrift von B = C) — Kopie (saec. XVI): Leipzig, Universitätsarchiv, Rektor B 44 (Copiale magnum, Bd. I)*[19]*, fol. 10r–12r (Abschrift von C = D)*[20]*.*

14) *Zum Urheber dieses Vermerks, dem päpstlichen Abbreviator und Skriptor .Ia. de Papia, vgl. Frenz, Schriftformen, T. 1, S. 408, Nr. 4; Graf, Urban VI., S. 9a–10a und S. 25a, Nr. 76; Jansen, Zum päpstl. Urkunden- und Taxwesen, S. 152, 154; Kochendörffer, Päpstl. Kurialen, S. 572, Nr. 43, ferner S. 558, 560, 562, 564 f.; Largiadèr, PU Zürich, S. 187, Nr. 148; ders., PU Schweiz II, S. 404, 416 f., 420; MVB V/1, S. 109, Nr. 172, S. 387, Nr. 680–681; MVB VI/1, S. 255 f., Nr. 383; SB IV, S. 569; Schmidt, PU Baden-Württemberg II, S. 635; ders., PU Norddeutschland, S. 219; Schwarz, PU Niedersachsen, S. 217; Zaisberger, Kanzleivermerke, S. 423 f.; Zarotti, I documenti pontifici, S. 37, Nr. 61; Zöllner, PU Magdeburg I, S. 60, Nr. 78, S. 66, Nr. 90 sowie Zutshi, Papal letters England, S. 277, 293, 306, 310 f. Nach Frenz (Kanzlei, S. 157 f.; Papsturkunden, S. 97, S. 105, Position 28 [I documenti pontifici, S. 81, S. 88, Position 28]) befindet sich bei den litterae rescriptae (siehe dazu oben Anm. 8) in dieser Position ein kopfständig angebrachter Auskultationsvermerk, mit welchem bestätigt wird, daß die littera rescribenda (d. h. die beanstandete und korrigierte Erstausfertigung) mit der littera rescripta, der neu angefertigten Reinschrift, verglichen worden ist.*

15) *Aus dem Pontifikat Alexanders V. (1409–1410) sind keine Supplikenregister überliefert; vgl. Katterbach, Inventario, S. XV und S. 7, Anm. 1.*

16) *Ein Eintrag im Kalendarium der Universität besagt, daß die Bulle Alexanders V. nach Leipzig gebracht worden ist, wo sie am 12. November eintraf. Die Transsumierung erfolgte am 13. November 1409, also einen Tag später. – Edition des Kalendariums: CDS II, Bd. 16, S. 15–21, hier S. 21 (November 12: Allacio bulle confirmacionis studii Lipczensis; siehe auch Abb. 30 in diesem Band); zum Kalender der Leipziger Universität vgl. CDS II, Bd. 16, S. XIV f., XVII sowie Zarncke, Urkundl. Quellen, S. 557 f., ferner S. 554 f. und 559. — Zarncke, Urkunden, S. 485 vermutet, daß T bereits um 1540, als der erste Band des Copiale magnum angelegt wurde, nicht mehr im Leipziger Universitätsarchiv vorhanden war. Hierfür sprechen Randnotizen, die den Abschriften von Nr. 1 und Nr. 3 (Papst Alexander V.; 1409 Dezember 19 [siehe unten]) im Copiale magnum beigegeben worden sind. Während die Kopie von Nr. 3 mit dem Vermerk Originale est in fisco in scrinio authenticorum num. I versehen wurde, lautet dieser bei der Abschrift von Nr. 1 ex matricula. Dem Kopisten diente also nicht die originale Ausfertigung der Urkunde von 1409 November 13 als Vorlage, sondern deren Abschrift in Matrikel 1, was wiederum darauf hinzudeuten scheint, daß T zu diesem Zeitpunkt bereits verlorengegangen war. Zu T vgl. auch Zarncke, Urkunden, S. 483 f.; ferner: ders., Urkundl. Quellen, S. 532; siehe auch oben mit Anm. 18.*

17) *Zur Handschrift vgl. Zarncke, Urkundl. Quellen, besonders S. 554–565; CDS II, Bd. 16, besonders S. XIII–XVIII.*

18) *Eigenhändige Abschrift von Johannes von Brieg, Rektor der Universität Leipzig im Wintersemester 1440/41; vgl. Zarncke, Urkundl. Quellen, S. 559, 561; CDS II, Bd. 16, S. XVI. – Edition: (1) Horn, Friedrich der Streitbare, S. 747–751, Nr. 138 (ohne Angaben zur verwendeten Vorlage); (2) CDS II, Bd. 16, S. 3 f., Nr. 1; Berichtigung: ebd., Bd. 17, S. 754 (nur Edition der Abschrift von V).*

19) *Das Kopialbuch ist von Caspar Borner (gest. 1547) angelegt worden, der im Wintersemester 1539/40 der Leipziger Universität erstmals als Rektor vorstand; zur Handschrift vgl. Zarncke, Urkundl. Quellen, S. 536–550.*

*Edition: Schneider, Chron. Lipsiense, S. 277–280 = Hübner, Fridericus Bellicosus, S. 48–50, Nr. IV — Lehms, Hist. Beschreibung, S. 25–36 — Lünig, Reichs-Archiv, Bd. 14, S. 594–596, Nr. VII = Emminghaus, Corpus juris Germanici, S. 76 f., Nr. 139 — Stieff, Einleitung zur Historie, T. 3, S. 143–148 — Ludewig, Reliquiae manuscriptorum, Bd. 4, S. 588 (Fragment) — Horn, Friedrich der Streitbare, S. 747–751, Nr. 138, hier S. 748–750, aus Kopie — Glafey, Kern der Geschichte, S. 739–745 — Miscellanea Saxonica 10 (1776), S. 279–286 — Kreußler, Geschichte der Universität Leipzig, S. 13–19 — CDS II, Bd. 11, S. 1–3, Nr. 1 aus A; S. 654 (Nachtrag).*

*Übersetzung: Lehms, Hist. Beschreibung, S. 25–36 — Stieff, Einleitung zur Historie, T. 3, S. 151–155 — Miscellanea Saxonica 10 (1776), S. 290–297 — Kreußler, Geschichte der Universität Leipzig, S. 19–23 — vgl. auch Schneider, Chron. Lipsiense, S. 280–282.*

*Regest: Horn, Friedrich der Streitbare, S. 622, Nr. 138 — Schöttgen, Inventarium diplomaticum, Sp. 347 — Zarncke, Urkundl. Quellen, S. 700, Nr. 1 (vgl. auch S. 905) — CDS I/B, Bd. 3, S. 126, Nr. 131 — RG III, Sp. 13 — Mit Schwert und Kreuz, S. 197, Kat. Nr. 1.3.*

*Dem nachfolgenden Druck liegt der Text von A zugrunde, wobei unleserliche Stellen der Vorlage stillschweigend nach R, C bzw. D ergänzt worden sind. In A erscheint überwiegend c (und nicht t) vor i und nachfolgendem Vokal, weshalb im Zweifelsfalle dieser und nicht der Schreibung t der Vorzug gegeben wurde. Die Anmerkungen enthalten die Varianten von R, während die Varianten von C und D nur ausnahmsweise berücksichtigt worden sind. Es wird der Zeilenwechsel von A angezeigt.*

ALEXANDER EPISCOPUS SERVUS SERVORUM DEI. AD PERPETUAM REI MEMORIAM.[a] | In eminentis dignitatis apostolice specula[21] ex superni dispensacione consilii licet immeriti constituti ad cunctas Christi fidelium regiones nostre vigilancie creditas earumque profectus et commoda procuranda tanquam[b] pastor universallis gregis dominici speculacionis aciem, quantum nobis ex alto conceditur, favorabiliter extendentes, fidelibus ipsis ad querendum litterarum studia, per que divini nominis fideique catholice cultus protenditur, iusticia colitur,

a) Alexander etc. Ad perpetuam rei memoriam *R.*
b) tamquam *R.*
20) *Es ist nur das Transsumpt der Urkunde Papst Alexanders V. von 1409 September 9, nicht jedoch das dazugehörige Vidimus von 1409 November 13 ex matricula kopiert worden. Dem Urkundentext wurde darüber hinaus eine Überschrift vorangestellt, sie lautet:* Confirmatio atque constitutio universitatis per Alexandrum quintum Romanum pontificem. *Zu D siehe auch Zarncke, Urkundl. Quellen, S. 541, Nr. 5. — In der Handschrift Rektor B 106 des Leipziger Universitätsarchivs, einer Abschrift des Copiale magnum, ist die Bulle Alexanders V. auf fol. 19r–22v eingetragen worden.*
21) *Vgl. Isai. 21,8.*

tam publi|ca quam privata res geritur utiliter omnisque prosperitas humane condicionis augetur, libenter favores graciosos impendimus et oportune commoditatis auxilia liberaliter impertimur. Considerantes itaque fidei puritatem et devocionem exi|miam, quas dilecti filii, nobiles viri Fridericus et Wilhelmus, germani, lantgravii Thuringie[c], marchiones Misnenses et comites palatini Saxonie[22] ad nos et apostolicam sedem gerere dinoscuntur, et sperantes, quod illas ad sa|crosanctam Romanam ecclesiam matrem cunctorum fidelium et magistram eo amplius debeant augmentare, quo per nos et ipsam ecclesiam se conspexerint gratiis et privilegiis apostolicis specialius honorari, pensantes quoque, quod in eorum opido | Lipczk Merseburgensis diocesis, sicut accepimus, populoso utique et spacioso ac in loco fertili et sub aere[d] temperato consistente, in victualibus pro frequenti multitudine hominum et in omnibus veluti ager, cui[e] benedixit[f] dominus,[23] apto et[g] | cuius opidani atque incole sunt homines[h] civiles et in moribus bene dispositi, quodque circa[i] dictum opidum sunt multa loca desiderabilia et amena necnon patria illa sub tuicione dictorum fratrum florente pax et securitas[24] ut frequenter vi|gent habitantibus in eadem, ita quod dictum opidum ad hoc, ut[j] in illo vigeat generale studium, natura rerum mater eciam proprie ordinarit, premissis igitur diligenter attentis et concurrentibus nostro cum eorundem fratrum in hac | parte desideriis ad hoc, quod huiusmodi generale studium in eodem opido perpetuis annuente domino temporibus vigeat et, ut speramus, felicia semper recipiat incrementa, ut ad illud multi de ipsorum fratrum dominiis et eciam alii unde|cunque declinent, ibi sacre theologie et utriusque iuris necnon in medicine[k] et in septem liberalium artium et

---

c)     Turingie *R*.

d)     a *auf Rasur (0,3 cm): Korrektur wohl von zweiter Hand mit dunklerer Tinte A.*

e)     *Nach* cui *Rasur (0,5 cm); die zwischen* cui *und dem nachfolgenden Wort entstandene Lücke ist durch einen kleinen waagerechten Strich von dunklerer Tinte ausgefüllt worden A.* — cuu *durch Durchstreichung des rechten Schaftes des zweiten* u *zu* cui *korrigiert R.*

f)     *Kleine Rasur rechts des* b-*Schaftes (im Oberlängenbereich) A.*

g)     et *am rechten Rand nachgetragen: Zwei zwischen* apto *und* cuius *gesetzte Zeichen (⁒ und darunter ∧) kennzeichnen die Position des einzufügenden Wortes, während das fehlende* et *unter das am Rand wiederholte Zeichen ⁒ geschrieben worden ist R.*

h)     homiies, *d. h.* n *mit nur einem Schaft geschrieben A.*

i)     ir *auf Rasur (0,3 cm), Bogen des nachfolgenden* c *teilweise nachgezogen: Korrektur wohl von zweiter Hand mit dunklerer Tinte A.*

j)     *Vor* ut *Rasur (0,6 cm); die zwischen* hoc *und dem nachfolgenden* ut *entstandene Lücke ist durch einen kleinen, leicht gewölbten Strich von dunklerer Tinte ausgefüllt worden A.*

k)     *Erstes* e *auf Rasur (0,2 cm): Korrektur wohl von zweiter Hand mit dunklerer Tinte A.*

22) *Zur Genealogie vgl. Posse, Wettiner, Tafel 5–6 und Berichtigungen/Ergänzungen, S. 3; Schwennicke, Europäische Stammtafeln I/1, Tafel 153.*

23) *Vgl. Gen. 27, 27.*

24) *Vgl. Isai. 32, 17; 1. Thess. 5, 3.*

omnium licitarum facultatum studiis inherendo, volentesque illic accedere pro tempore in magno numero magistros, doctores nec|non alios sufficienter instructos in scienciis et facultatibus antedictis[l] reperiantque legere, disputare necnon alios actus scolasticos[m], prout in universitate studii Parisiensis et aliis generalibus studiis fieri consuevit, et quibus quidem | magistris, doctoribus atque aliis legentibus et sese[n] exercitantibus pro tempore in scienciis atque facultatibus antedictis in opido memorato ipsi fratres de habitaculis et salariis convenientibus pro tempore providebunt, prout sub spe, | ut huiusmodi eorum desiderium per clemenciam sedis apostolice compleretur, viginti magistris in eisdem artibus vel circa, qui causa exercendi se in eodem opido in artibus et aliis scienciis huiusmodi ad illud noviter declinarunt, de | vite necessariis et stipendiis convenienter hactenus providerunt et eciam in futurum providere proponunt, pensantes eciam alias commoditates quamplurimas, quas idem opidum ibidem oportunas fertur habere, ex quibus | profecto elicitur, quod multo magis auctore domino proficiet florebitque predictum opidum, si tantis privilegiis et singularibus presidiis sedis predicte decoretur, cupientes denique, ut ipsum opidum, quod divina bonitas | eciam cleri convenienti multitudine ac tot gratiarum dotibus insignivit et aliorum bonorum multiplicium fecunditate dotavit locique amenitate non modica circum circa, ut premittitur, decoravit, fiat mater ibidem studere | volencium, ex cuius fecundis uberibus lac mellifluum sugant[o] pro tempore habundanter virosque producat consilii maturitate perspicuos, virtutum redimitos[p] ornatibus ac apprime diversarum facultatum dogmatibus eruditos sitque ini|bi fons scienciarum irriguus, de cuius plenitudine hauriant universi litteralibus ibidem cupientes imbui[q] documentis, ad hunc itaque universalem profectum propter premissa studio paterne solicitudinis excitati[r] ac eciam | predictorum fratrum super hoc nobis humiliter supplicancium devotis in hac

l)    antedictis in opido memorato *etc. R, es fehlt also die Passage* reperiantque legere, disputare necnon alios actus scolasticos, prout in universitate studii Parisiensis et aliis generalibus studiis fieri consuevit, et quibus quidem magistris, doctoribus atque aliis legentibus et sese exercitantibus pro tempore in scienciis atque facultatibus antedictis, *die in folgender Weise ergänzt worden ist: Zwischen* antedictis *und* in opido *wurde ein Zeichen (⁒) gesetzt, welches die Position des fehlenden Textteiles kennzeichnet; dieses Zeichen ist am linken Rand wiederholt worden, darunter steht* in. *Der fehlende Text wurde nun am Ende der Seite (fol. 132v) nachgetragen. Dem Nachtrag gehen ein* .S. *(darüber eine gewellte Linie) und das Zeichen* ⁒ *voraus; auf den Nachtrag folgt die Paraphe des Registrators* St(e)ph(anu)s *(zu ihm siehe oben Anm. 12).*

m)    *sic ARCD. In den meisten Editionen ist zwischen* actus *und* scolasticos *das Wort* exercere *eingeschaltet worden.*

n)    et ss sese: ss *durch Durchstreichung getilgt R.*

o)    sugan[.] *zu* sugant *korrigiert R.*

p)    *Nach* redimitos *5 Buchstaben (wohl* ort *und* on) *durch Durchstreichung getilgt R.*

q)    imbui *mit überflüssigem Kürzungsstrich über* ui *R.*

r)    excitari *ARCD.*

parte supplicacionibus inclinati ad laudem divini nominis et catholice fidei propagacionem exaltacionem quoque ipsius Romane ecclesie auctoritate | presentium statuimus et etiam ordinamus dictisque fratribus de specialis dono gracie concedimus, ut in eodem opido de cetero sit studium generale illudque imperpetuum in theologia ac utroque iure[s], videlicet canonico et civili, ac eciam | in medicina, philosophia et facultatibus antedictis quodque magistri et doctores necnon alii graduati et studentes ibidem gaudeant et utantur omnibus privilegiis, libertatibus et immunitatibus concessis docentibus et studentibus in eisdem sci|enciis et facultatibus in aliis studiis generalibus quibuscunque[t]. Et insuper eosdem fratres, maxime cum, prout eciam nonnullorum fidedignorum relacione didicimus, studium ipsum ac doctores, magistros et alios studentes huiusmodi pro tempore intendant | manutenere ac eciam defensare, necnon[u] eciam ob[v] profectus publicos, quos exinde futuros esse speramus, amplioribus favoribus prosequi[w] intendentes auctoritate ordinaria[x] eadem, ut illi, qui processu temporis in eodem studio bravium in ea[y] facultate | aut in illa sciencia, in qua studuerunt[z], meruerint obtinere, sibique docendi licenciam, ut alios erudire valeant, ac magisterii seu doctoratus honorem ac bacallariatus gradus petierint impendi, per magistrum seu magistros ac[aa] doctores illius facul|tatis vel sciencie, in qua examinacio fuerit facienda, episcopo[bb] Merseburgensi existenti pro tempore debeant presentari, qui quidem episcopus promovendos huiusmodi ad magisterii seu doctoratus[cc] honorem iuxta modum et consuetudinem, qui super talibus | in aliis generalibus studiis observantur, gratis, pure et libere et sincere, omni dolo, fraude, livore et difficultate cessantibus, examinare studeat diligenter, et si eos ad gradus, ad quos assequi desiderant, in scienciis et facultatibus ipsis sufficientes | dignos et ydoneos esse reperiat, super quibus eius conscienciam oneramus, ipsis presentatis licenciam huiusmodi in studio opidi memorati recipiendi concedat liberam facultatem, ita eciam, quod illi, qui per eundem episcopum sufficientes appro|bati fuerint

s)   Rasur über und unter re (0,5 bzw. 0,2 cm) A.

t)   quibuscumque R.

u)   necno A; das fehlende Schluß-n ist durch die Rasur (vgl. Anm. v) entfernt worden, ohne daß nun ein über dem Buchstaben o zu plazierendes Kürzungszeichen gesetzt wurde.

v)   eciam ob auf Rasur (1,0 cm): Korrektur wohl von zweiter Hand mit dunklerer Tinte A.

w)   prosequentes zu prosequi korrigiert: zweites e mit langem i überschrieben, ntes durchgestrichen R.

x)   Wohl ordinamus durch Rasur zu ordinanria (sic) korrigiert A; ordinaria RCD. In der Urkunde Papst Urbans VI. für die Universität Erfurt (1389 Mai 4) lautet die betreffende Stelle auctoritate ordinamus eadem (Weissenborn, Acten I, S. 3–5, Nr. I/2, hier S. 4, Zeile 28).

y)   Rasur (0,4 cm) nach ea A.

z)   studerunt ARC, studuerunt D.

aa)  Rasur (0,4 cm) über ac, kleine Rasur unter dem c A.

bb)  Rasur (0,4 cm) über E (in Edition e) A.

cc)  at auf Rasur (0,4 cm): Korrektur von erster Hand mit derselben Tinte A.

ac docendi licenciam et honorem huiusmodi obtinuerint ab eodem, ut est dictum, extunc absque alio examine et approbacione alia legendi et docendi tam in dicto opido quam in singulis aliis generalibus studiis, in quibus voluerint | legere et docere, statutis et consuetudinibus quibuscunque contrariis iuramento necnon apostolica vel quacunque firmitate alia roboratis nequaquam obstantibus, plenam et liberam habeant potestatem. Et insuper dictum episcopum Merseburgensem[dd] | existentem pro tempore huiusmodi studii[ee] cancellarium auctoritate prefata constituimus et eciam deputamus, volentes, quod omnibus privilegiis, potestatibus et facultatibus uti et illas exercere libere et licite valeat pro bono et felici sta|tu[ff] dicti studii et suorum membrorum necnon legencium et studencium in eodem opido in scienciis et facultatibus ipsis pro tempore ac in illos et[gg] in illa, quibus alii cancellarii aliorum generalium studiorum ex privilegiis apostolicis gaudent et | quomodolibet potiuntur. Nulli ergo omnino hominum liceat hanc paginam nostre[hh] statuti, ordinacionis, concessionis, constitucionis, deputacionis et voluntatis infringere vel[ii] ei ausu temerario contraire. Si quis autem hoc | attemptare presumpserit, indignacionem omnipotentis dei et beatorum Petri et Pauli apostolorum eius se noverit incursurum.[jj] Dat.[kk] Pisis V id. septembr. pontificatus nostri anno primo.

(B. D.)

---

dd)  Marseburgensem *R.*

ee)  studium *zu* studii *korrigiert: linker Schaft des zweiten* u *mit langem* i *überschrieben, rechter Schaft des zweiten* u *und* m *durchgestrichen R.*

ff)  stutu *R.*

gg)  *Rasur (0,2 cm) über* et, *kleine Rasur unter dem* e *A.*

hh)  *sic ARCD.*

ii)  l *auf Rasur (0,3 cm): Korrektur wohl von zweiter Hand mit dunklerer Tinte A.*

jj)  Nulli ergo etc. nostre statuti, ordinationis, concessionis, constitutionis, deputationis et voluntatis infringere etc. Si quis autem etc. Dat. Pisis quinto idus septembris anno primo. *Danach folgt:* St(e)ph(anu)s C de Prato *R. Zum Registrator* Stephanus de Prato *siehe oben Anm. 12; zur Taxe, die hier zwischen Vor- und Zunamen eingeschaltet worden ist* (C = 100 *grossi Turonenses), vgl. auch Anm. 10.*

kk)  *Trotz der dunkler wirkenden Tinte scheint nach* Dat. *kein Tintenwechsel vorzuliegen A.*

# Übersetzung

Alexander, Bischof, Knecht der Knechte Gottes, zum ewigen Gedenken an die [folgende] Sache.

Durch die Fügung des himmlischen Ratschlusses auf die Warte der hohen apostolischen Würde, wenn auch unverdient, gesetzt, richten wir – gleichsam als universaler Hirte der Herde des Herrn – wohlwollend das Augenmerk, soweit es uns vom Himmel gestattet wird, auf sämtliche Lande der Christgläubigen, die unserer Wachsamkeit anvertraut sind, auf deren Vorteil und Wohlergehen, für das Sorge zu tragen ist; gern gewähren wir diesen Gläubigen gnadenreiche Gunstbezeigungen und werden ihnen großzügig geeignete, ihrem Wohl dienende Unterstützung zukommen lassen, um wissenschaftliche Bildung zu erwerben, durch welche die Verehrung des göttlichen Namens und das Bekenntnis zum katholischen Glauben verbreitet, die Gerechtigkeit gepflegt, sowohl Öffentliches als auch Privates vorteilhaft betrieben und jegliches Gedeihen der menschlichen Natur gefördert wird.

Da wir nun die Reinheit des Glaubens und die außerordentliche Ergebenheit in Betracht ziehen, welche die lieben Söhne, die edlen Herren Friedrich und Wilhelm, leibliche Brüder, Landgrafen von Thüringen, Markgrafen von Meißen und Pfalzgrafen von Sachsen, uns und dem apostolischen Stuhl bekanntlich entgegenbringen, und wir ebenso hoffen, daß sie jene Reinheit des Glaubens und jene große Ergebenheit gegen die hochheilige römische Kirche, die Mutter und Lehrmeisterin aller Gläubigen, um so mehr steigern können, je mehr sie, wie sie festgestellt haben werden, durch uns und die Kirche in ganz besonderem Maße mit apostolischen Gnadenerweisen und Privilegien geehrt werden, [und] weil wir außerdem bedenken, daß ihre zur Merseburger Diözese gehörende Stadt Leipzig, die – wie wir vernommen haben – volkreich und geräumig in einer fruchtbaren Gegend mit gemäßigtem Klima liegt, die mit Nahrungsmitteln für eine große Anzahl von Menschen und mit allem wie ein Acker, den der Herr gesegnet hat, ausgestattet ist und deren Bürger und Einwohner kultivierte und wohlgesittete Menschen sind, [und wir obendrein in Erwägung ziehen], daß es in der Umgebung der genannten Stadt viele angenehme und landschaftlich reizvolle Flecken gibt und daß auch die Bewohner jenes Landes gewöhnlich in Frieden und Sicherheit leben, da jenes Land unter dem Schutz der genannten Brüder in Blüte steht, so daß selbst Mutter Natur die genannte Stadt eigens dazu ausersehen hat, daß in ihr eine Universität blühen soll, [und] wir nun die vorausgeschickten Dinge sorgfältig durchdacht haben und unsere Wünsche in dieser Hinsicht mit den Wünschen derselben Brüder zudem übereinstimmen, daß eine solche Universität in derselben Stadt mit Zustimmung des

Herrn zu allen Zeiten blühen und, wie wir hoffen, stets glücklich gedeihen soll, so daß sich viele aus den Herrschaftsgebieten dieser Brüder und auch andere, woher auch immer sie kommen, zu jener [Stadt] begeben, um dort einem Studium in der heiligen Theologie und in beiderlei Recht und auch in der Medizin und den Sieben freien Künsten und in allen [anderen] erlaubten Fachgebieten nachzugehen, und folglich wollen, daß sich die Magister, Doktoren und auch andere, die mit hinreichenden Kenntnissen in den zuvor genannten Wissenschaften und Fächern ausgestattet sind, in großer Zahl dorthin begeben und Vorlesungen halten, disputieren und auch andere gelehrte Tätigkeiten [durchführen], so wie es an der Universität Paris und an anderen Universitäten zu geschehen pflegt, und diese Brüder die Magister, Doktoren und die anderen, die lehren und sich in den zuvor genannten Wissenschaften und Fachgebieten betätigen, in der oben erwähnten Stadt mit angemessenen Wohnungen und Gehältern versehen werden, so wie sie [denn auch] in der Hoffnung, daß ihr Wunsch durch die Gnade des apostolischen Stuhls in Erfüllung gehen würde, bislang etwa zwanzig Magister derselben Künste – die sich jüngst, um sich in derselben Stadt den [Sieben freien] Künsten und anderen Wissenschaften zu widmen, zu jener [Stadt] begeben haben – mit dem Lebensnotwendigen und festen Gehältern angemessen ausgestattet haben und auch in Zukunft auszustatten versprechen, [und] weil wir zudem die zahlreichen anderen Annehmlichkeiten und Vorzüge erwägen, welche die genannte Stadt – wie man berichtet – daselbst aufweist, woraus sich in der Tat erhellt, daß die zuvor erwähnte Stadt mit Hilfe des Herrn in weitaus höherem Maße gedeihen und florieren wird, wenn sie mit so großen Privilegien und mit dem besonderen Schutz des genannten [apostolischen] Stuhls geehrt wird, [und] wir schließlich wünschen, daß diese Stadt – die Gott in seiner Güte auch mit entsprechend vielen Geistlichen und so vielen Gnadengeschenken ausgezeichnet hat, die er mit verschiedenen anderen Gütern reichlich begabt und, wie bereits erwähnt, mit einer Umgebung, deren landschaftliche Reize nicht unbeträchtlich sind, belohnt hat – denjenigen, welche dort studieren wollen, eine Mutter werde, aus deren vollen Brüsten sie die honigsüße Milch in Strömen trinken sollen, und Männer hervorbringe, die sich durch die Reife des Verstandes auszeichnen, die mit dem Schmuck der Tugenden bekränzt und in den Lehren der verschiedenen Fachgebiete vortrefflich bewandert sind – kurzum, daß daselbst ein Quell der Wissenschaften sprudeln möge, aus dessen Fülle alle, die dort von den wissenschaftlichen Lehren getränkt zu werden wünschen, schöpfen mögen, deshalb beschließen wir – die wir wegen des zuvor Gesagten vom Eifer väterlicher Sorge angetrieben und ebenso in dieser Hinsicht durch die frommen Bitten der genannten Brüder, die sie deswegen demütig an uns richten, gebeugt sind – und verfügen mit der Autorität des vorliegenden Schreibens und bewilligen den genannten Brüdern mit der Gewährung dieser besonderen Gnade – [und zwar] zum allgemeinen Nutzen, zum Ruhm des göttlichen

Namens und zur Verbreitung des katholischen Glaubens und ebenso zum Lobpreis der römischen Kirche –, daß es in derselben Stadt künftig ein Generalstudium geben soll, und zwar – für alle Zeiten – in der Theologie und in beiderlei Recht, nämlich im kanonischen Recht und im Zivilrecht, und ebenso in der Medizin, der Philosophie und auch in den zuvor genannten [d. h. in den erlaubten] Fächern, und daß die Magister und Doktoren und auch die anderen Graduierten und die Studenten an diesem Ort alle Privilegien, Freiheiten und Immunitäten genießen und besitzen sollen, die den Lehrern und Studenten derselben Wissenschaften und Fakultäten an anderen Universitäten gewährt worden sind.

Und da wir außerdem beabsichtigen, denselben Brüdern – besonders weil sie, wie wir auch aus einigen glaubwürdigen Berichten erfahren haben, darauf bedacht sind, diese Universität und die Doktoren, Magister und andere Studierende zu unterstützen und auch zu schützen, und ebenso wegen des allgemeinen Nutzens, der sich, wie wir hoffen, infolgedessen einstellen wird – weitere Gunstbezeigungen zu gewähren, verfügen wir mit derselben Autorität, daß jene, die im Laufe der Zeit an derselben Universität den Siegespreis in der Fakultät oder in der Wissenschaft, in der sie studiert haben, zu erhalten verdient haben und deshalb darum gebeten haben, daß ihnen die Lehrbefugnis, damit sie andere unterrichten können, und der Magister- oder Doktortitel oder der [akademische] Grad eines Bakkalaureus verliehen werden möge, von dem Magister oder von den Magistern und Doktoren jener Fakultät oder jener Wissenschaft, in der die Prüfung stattfinden soll, dem jeweiligen Merseburger Bischof vorgestellt werden sollen, und dieser Bischof soll darauf bedacht sein, solche Personen, denen der Magister- oder Doktortitel verliehen werden soll, nach der Art und Weise und den Gewohnheiten, die an anderen Universitäten in bezug auf solche Dinge beachtet werden, sorgfältig zu examinieren, [und zwar] unentgeltlich, lauter, frei und redlich, ohne jede Arglist, ohne Betrug, Mißgunst und Schikane, und wenn er befindet, daß sie für die [akademischen] Grade in diesen Wissenschaften und Fachgebieten, welche sie zu erwerben wünschen, hinreichend befähigt, würdig und auch geeignet sind, was wir seiner Beurteilung überlassen, soll er denen, die ihm vorgestellt worden sind, die uneingeschränkte Erlaubnis zum Empfang der Lehrbefugnis an der Universität der oben genannten Stadt erteilen, und zwar dergestalt, daß jene, deren Eignung, wie oben erwähnt, von demselben Bischof bestätigt wird und die die Lehrbefugnis und den Titel erlangen, fortan ohne weitere Prüfung und Bestätigung nicht nur in der genannten Stadt, sondern auch an allen anderen Universitäten, an denen sie Vorlesungen halten und lehren wollen, die volle und freie Lese- und Lehrbefugnis haben sollen, [und zwar] ungeachtet aller entgegenstehenden Statuten und Gewohnheiten, die durch Eid bekräftigt und auch durch päpstliche oder irgendwelche anderen Urkunden bestätigt worden sind.

Und darüber hinaus bestimmen und ernennen wir auch kraft der erwähnten Autorität den jeweiligen Merseburger Bischof zum Kanzler dieser Universität; wir verfügen, daß er sich aller Privilegien, Vollmachten und Rechte bedienen kann, welche andere Kanzler an anderen Universitäten aufgrund päpstlicher Privilegien besitzen oder wie auch immer erlangen, und daß er jene Privilegien, Vollmachten und Rechte frei und erlaubterweise anwenden und ausüben kann, [und zwar] zum Nutzen und Wohlergehen der genannten Universität und ihrer Glieder, der Lehrer und Studenten dieser Wissenschaften und Fakultäten in derselben Stadt, wie auch über sie.

Überhaupt keinem Menschen soll es erlaubt sein, dieses Blatt unseres Beschlusses, unserer Verfügung, Bewilligung, Bestimmung, Ernennung und unserer Willenserklärung anzutasten oder ihm durch eine unbesonnene Tat zuwiderzuhandeln.

Wenn aber jemand dies anzufechten wagen sollte, möge er wissen, daß er sich den Zorn des allmächtigen Gottes und seiner heiligen Apostel Petrus und Paulus zuziehen wird.

Gegeben in Pisa an den 5. Iden des September im ersten Jahr unseres Pontifikats.

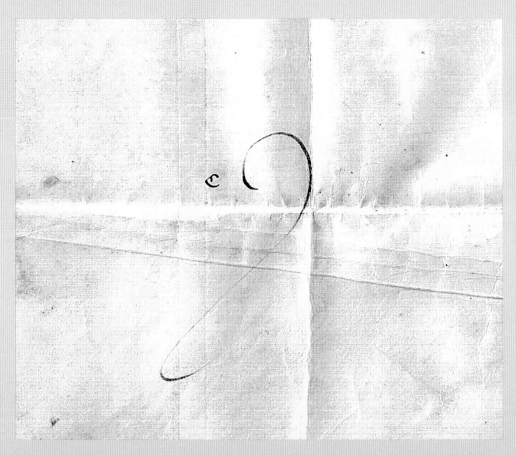

*Abb. 21: Kanzleivermerke auf der Gründungsurkunde Papst Alexanders V. vom 9. September 1409 (recto, unter der Plica links). Dresden, Hauptstaatsarchiv, 10001, Ältere Urkunden, OU. 5471.*

132

*Abb. 22–25 (diese und folgende Seiten): Eintrag der Gründungsurkunde im Lateranregister. Città del Vaticano, Archivio Segreto Vaticano, Reg. Lat. 136, fol. 132r–133v. © Archivio Segreto Vaticano.*

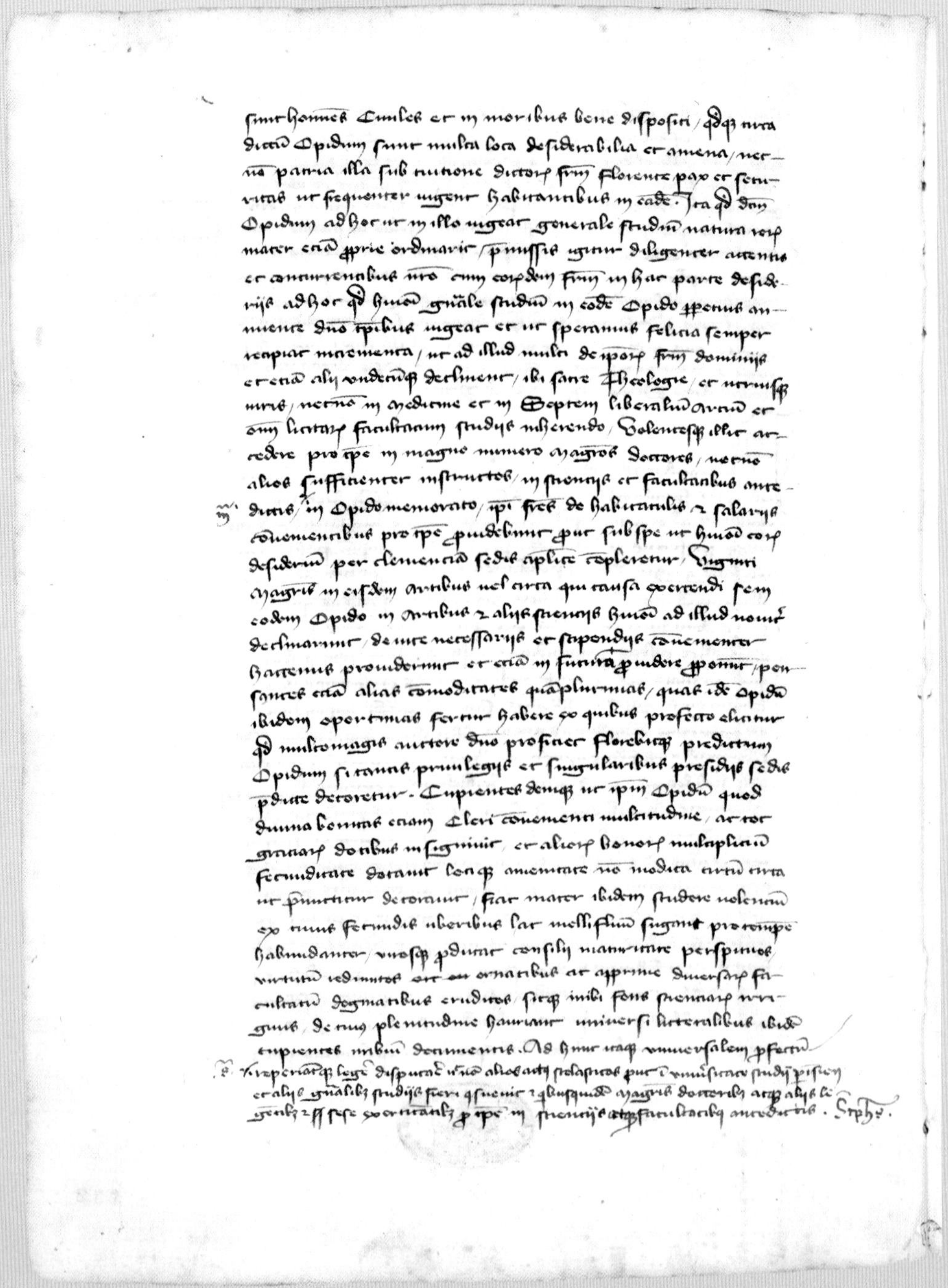
sint homines civiles et in moribus bene dispositi, quodque circa
dictum opidum sunt multa loca desiderabilia et amena, necnon patria illa sub ditione dictorum filiorum florente pax et secu-
ritas ut frequenter vigent habitantibus in eadem. Ita quod dictum
opidum adhoc ut in illo vigeat generale studium natura ipsius
mater etiam proprie ordinavit, premissis igitur diligenter attentis
et animadvertentibus nostro cum eorundem filiorum in hac parte deside-
riis adhoc quod huiusmodi generale studium in eodem opido perpetuis an-
nuente domino temporibus vigeat et ut speramus felicia semper
recipiat incrementa, ut ad illud multi de [illegible] filiorum dominiis
et etiam alii undecumque declinent, ibi sacre theologie et utriusque
iuris, necnon in medicine et in septem liberalium artium et
omni licitarum facultatum studiis inherendo, volentesque illud ar-
cedere pro tempore in magno numero magistros doctores, necnon
alios sufficienter instructos in scientiis et facultatibus antedictis in opido memorato, qui fructus de habitantibus et salariis
convenientibus pro tempore providebitur, quod sub spe ut huiusmodi eorum
desiderium per clementiam sedis apostolice complerentur, magistri
magistris in eisdem artibus vel circa qui causa conveniendi se in
eodem opido in artibus et aliis scientiis huiusmodi ad illud nomine
declinarunt, de victu necessariis et stipendiis convenientibus
hactenus providerunt et etiam in futurum providere promittunt, pen-
santes etiam alias commoditates quamplurimas, quas idem opidum
ibidem oportunas fertur habere, ex quibus profecto elicitur
quod multomagis auctore domino proficiet florebitque predictum
opidum si tantis privilegiis et singularibus presidiis sedis
predicte decoretur. Cupientes denique ut ipsum opidum quod
divina bonitas etiam cleri convenienti multitudine ac tot
gratiarum dotibus insignivit et aliorum bonorum multiplicium
fecunditate dotavit locique amenitate non modica circumcirca
ut premittitur decoravit, fiat mater ibidem studere volentium
ex cuius fecundis uberibus lac mellifluum sugant pro tempore
habundanter, viroque preditum consilii maturitate perspicuos
virtutum redimitos [illegible] et ornatibus ac apprime diversarum facultatum dogmatibus eruditos, sitque inibi fons scientiarum irri-
guus, de cuius plenitudine hauriant universi litteralibus ibidem
cupientes imbui documentis. Ad hunc itaque universalem perfectum
[illegible]

Abb. 23

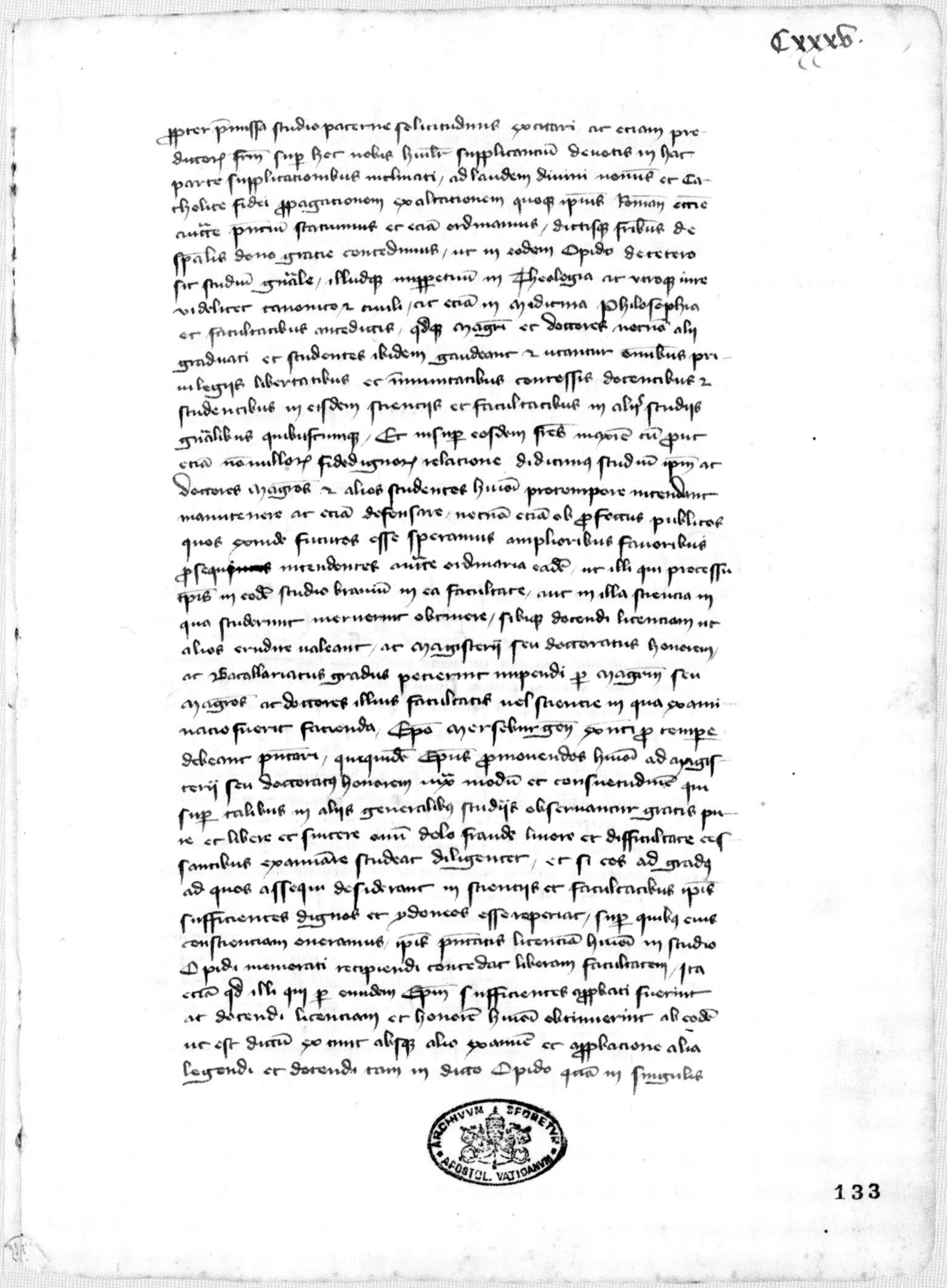

CXXXb.

propter premissa studio paterne sollicitudinis cogitari ac etiam pre-
dictorum fratrum super hoc nobis humili supplicationum devotis in hac
parte supplicationibus inclinati, ad laudem divini nominis et Ca-
tholice fidei propagationem exaltationem quoque ipsius terrarum etc.
autem presentium statuimus et etiam ordinamus, dictisque fratribus de
speciali dono gratie concedimus, ut in eodem Oppido de cetero
sit studium generale, illudque imperpetuum in Theologia ac utroque iure
videlicet canonico civili, ac etiam in medicina philosophia
et facultatibus antedictis, quodque Magistri et Doctores necnon aliis
graduati et studentes ibidem gaudeant et utantur omnibus privilegiis libertatibus et immunitatibus concessis docentibus et
studentibus in eisdem scientiis et facultatibus in aliis studiis
generalibus quibuscumque, Et insuper eosdem fratres magistros cum pre-
centia nonnullorum fidedignorum relatione didicimus studium ipsum ac
doctores magistros et alios studentes huius protempore inerendum
manutenere ac etiam defensare, necnon etiam ob profectus publicos
quos propter futuros esse speramus amplioribus favoribus
prosequi non intendentes antedictos ordinaria eadem, ut illi qui processu
temporis in eodem studio bravium in ea facultate, aut in illa scientia in
qua studuerint merentur obtinere, filiique docendi licentiam necnon
alios erudire valeant, ac Magisterii seu doctoratus honorem,
ac Baccallariatus gradus petierint impendi per Magnum seu
magistros ac doctores illius facultatis vel scientie in qua examina-
tiones fuerint facienda, Episcopo Auxerensem qui pro tempore
debeant presentari, quique Episcopus promovendos huius ad magisterii seu doctoratus honorem iuxta modum et consuetudinem tunc
super talibus in aliis generalibus studiis observandam gratis pu-
re et libere et sincere cum dolo fraude livore et dissimulatione ces-
santibus examinare studeat diligenter, et si eos ad gradus
ad quos assequi desiderant in scientiis et facultatibus ipsis
sufficientes dignos et ydoneos esse reperiat, super quibus eius
conscientiam oneramus, ipsis presentibus licentia huius in studio
Oppidi memorati recipiendi concedat liberam facultatem, Ita
certo quod illi qui per eundem Episcopum sufficientes approbati fuerint
ac docendi licentiam et honorem huius obtinuerint ab eodem
ut est dictum quod omni aliique alio examine et approbatione alia
legendi et docendi tam in dicto Oppido quam in singulis

133

*Abb. 24*

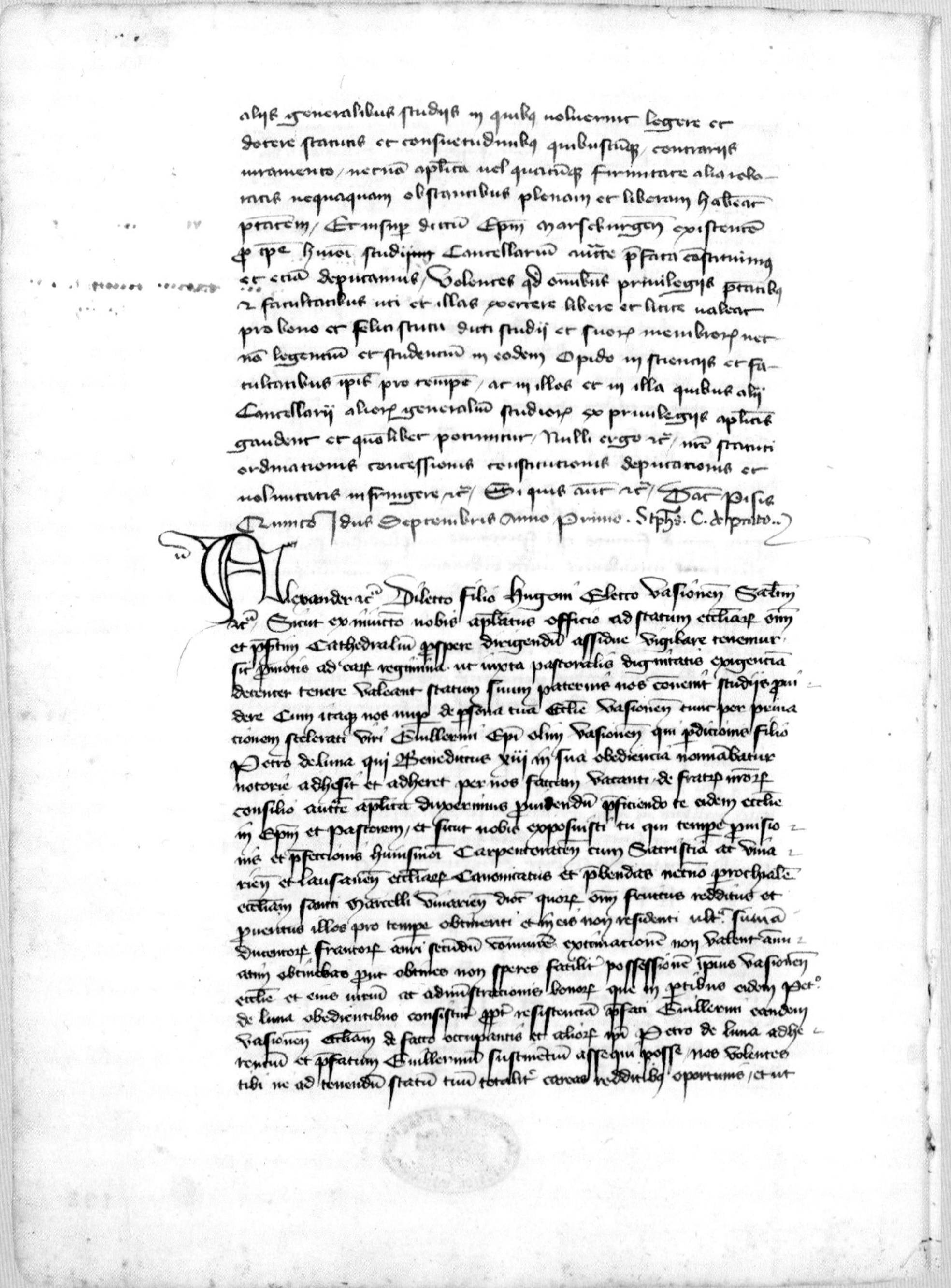
aliis generalibus studiis in quibus voluerint legere et
docere statutis et consuetudinibus quibuscumque contrariis
iuramento, confirmatione apostolica vel quacumque firmitate alia robo-
ratis nequaquam obstantibus plenam et liberam habeat
potestatem. Et insuper dictum episcopum Marsburgensem existentem
pro tempore huiusmodi studii cancellarium auctoritate predicta constituimus
et etiam deputamus, volentes quod omnibus privilegiis prerogativis
et facultatibus uti et illas exercere libere et licite valeat
pro bono et felici statu dicti studii et suorum membrorum necnon legentium et studentium in eodem oppido in scienciis et facultatibus ipsis pro tempore, ac in illos et in illa quibus alii
cancellarii aliorum generalium studiorum ex privilegiis apostolicis
gaudent et quomodolibet potiuntur. Nulli ergo etc. nostre statuti
ordinationis concessionis constitutionis deputationis et
voluntatis infringere etc. Si quis autem etc. Dat. Pisis
quinto Idus Septembris anno primo. Stephanus C. de Prato

Alexander etc. Dilecto filio Hugoni electo Vasionensi salutem
etc. Sicut ex iniuncto nobis apostolatus officio ad statum ecclesiarum omnium
et presertim cathedralium prospere dirigendum assidue vigilare tenemur
sic personis ad earum regimina ut iuxta pastoralis dignitatis exigentia
decenter tenere valeant statum suum providere nos convenit studiis pru-
dere. Cum itaque nos nuper de persona tua ecclesie Vasionensi tunc per priva-
tionem scelerati viri Guillermi episcopi olim Vasionensis qui perditionis filio
Petro de Luna qui Benedictus XIII in sua obediencia nominabatur
notorie adhesit et adheret per nos factam vacanti de fratrum nostrorum
consilio auctoritate apostolica duxerimus providendum preficiendo te eidem ecclesie
in episcopum et pastorem, et sicut nobis exposuisti tu qui tempore provisio-
nis et prefectionis huiusmodi Carpentoratensis cum sacristia et [illegible]
[illegible] et Lausanensis ecclesiarum canonicatus et prebendas necnon prochiale
ecclesiam sancti Marcelli [illegible] diocesis quorum omnium fructus redditus et
proventus illos pro tempore obtinenti et in eis non residenti ult. summa
ducentorum francorum auri secundum communem extimationem non valent annuatim
obtinebas, pretextu obtinere non speres facili possessione ipsius Vasionensis
ecclesie et eius iurium ac administrationis bonorum que in partibus eidem Petro
de Luna obedientibus consistunt propter resistentiam prefati Guillermi eandem
Vasionensem ecclesiam de facto occupantis et aliorum ipsi Petro de Luna adhe-
rentium et prefatum Guillermum sustinentium assequi posse, nos volentes
tibi ne ad tenendum statum tuum totaliter careas redditibus oportunis et ut

Abb. 25

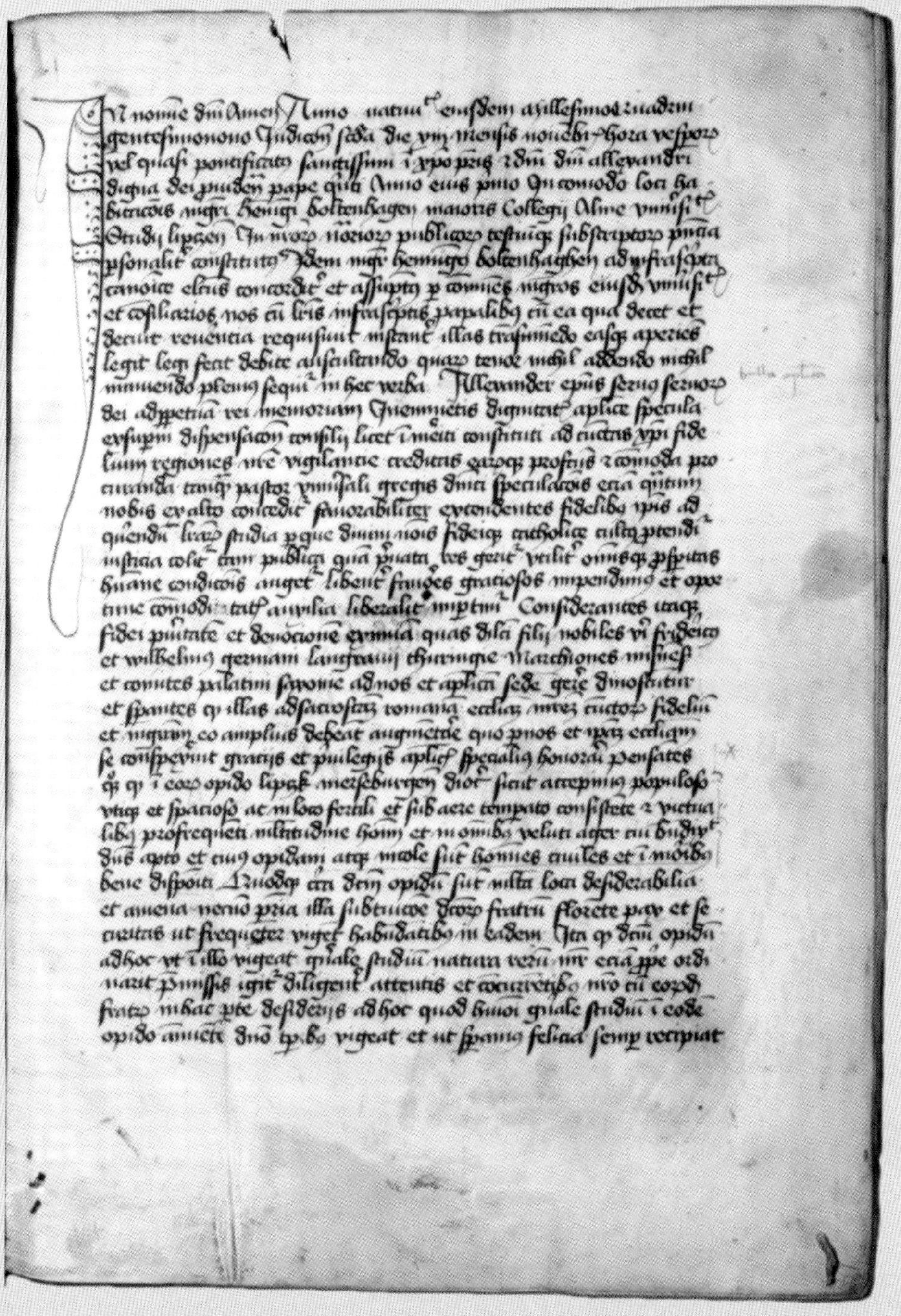

*Abb. 26–29 (diese und folgende Seiten): Abschrift der Gründungsurkunde in der Universitätsmatrikel. Leipzig, Universitätsarchiv, Rektor M1 (Matrikel 1), fol. 4r–5v.*

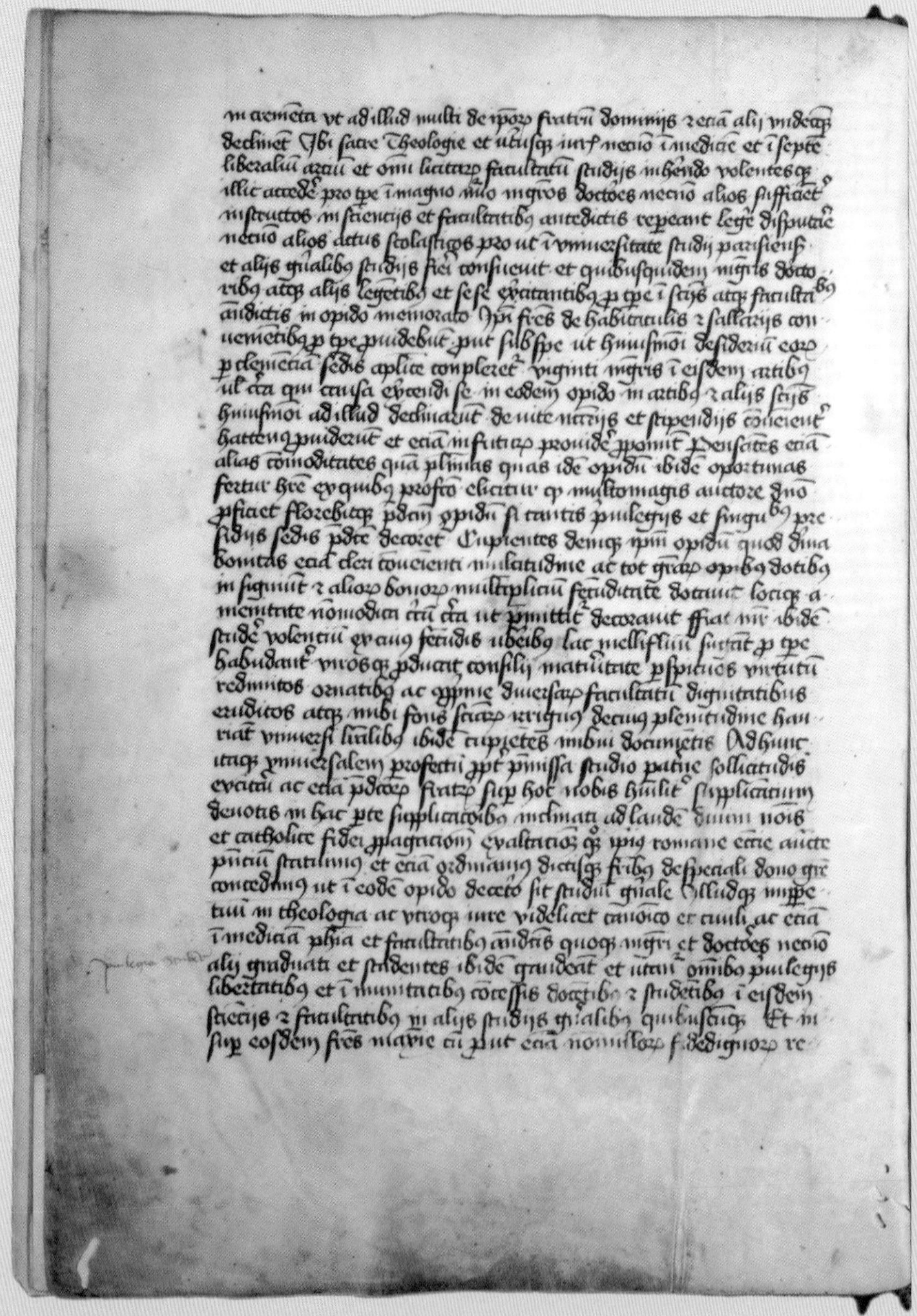

*Abb. 27*

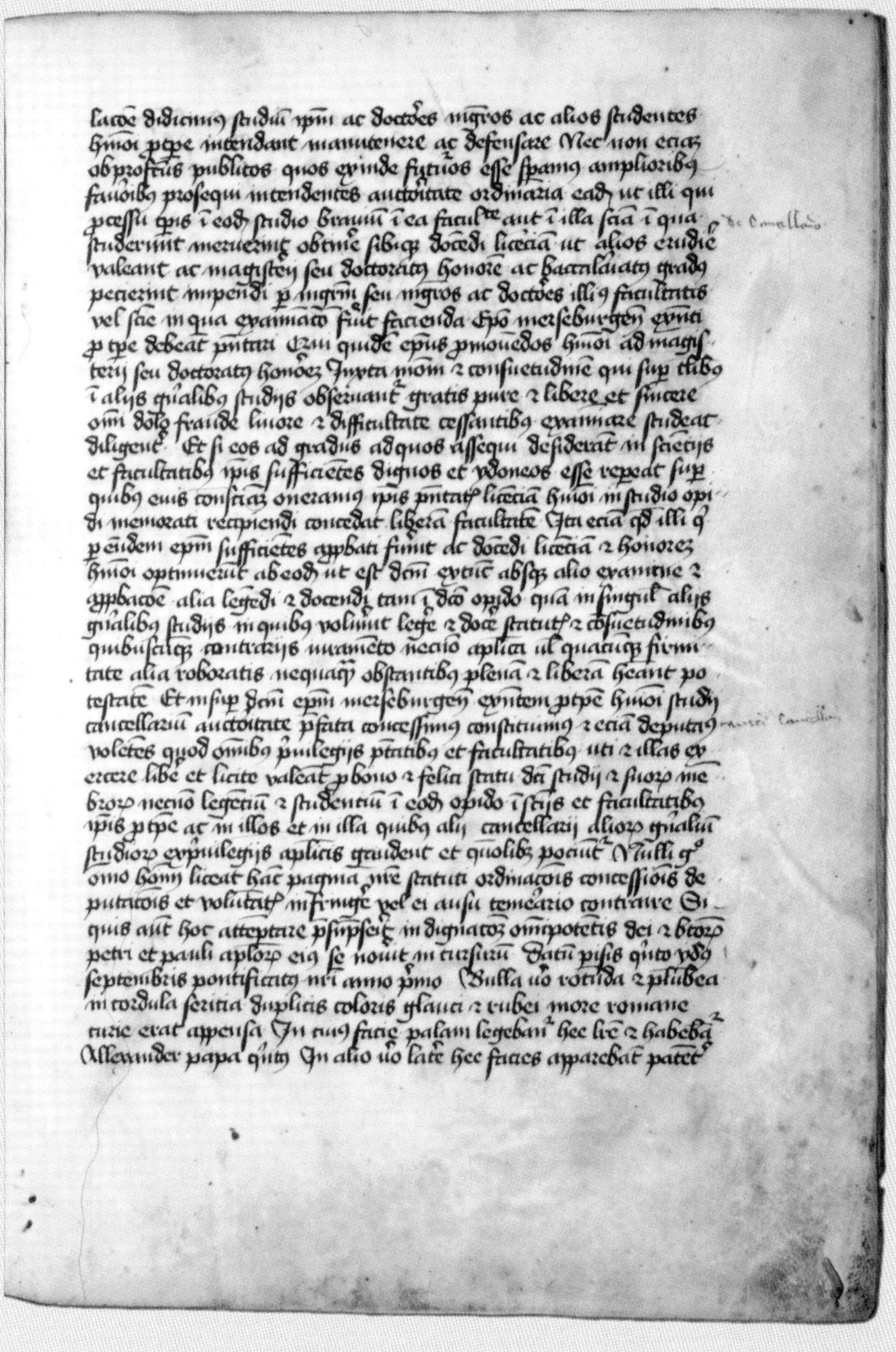

*Abb. 28*

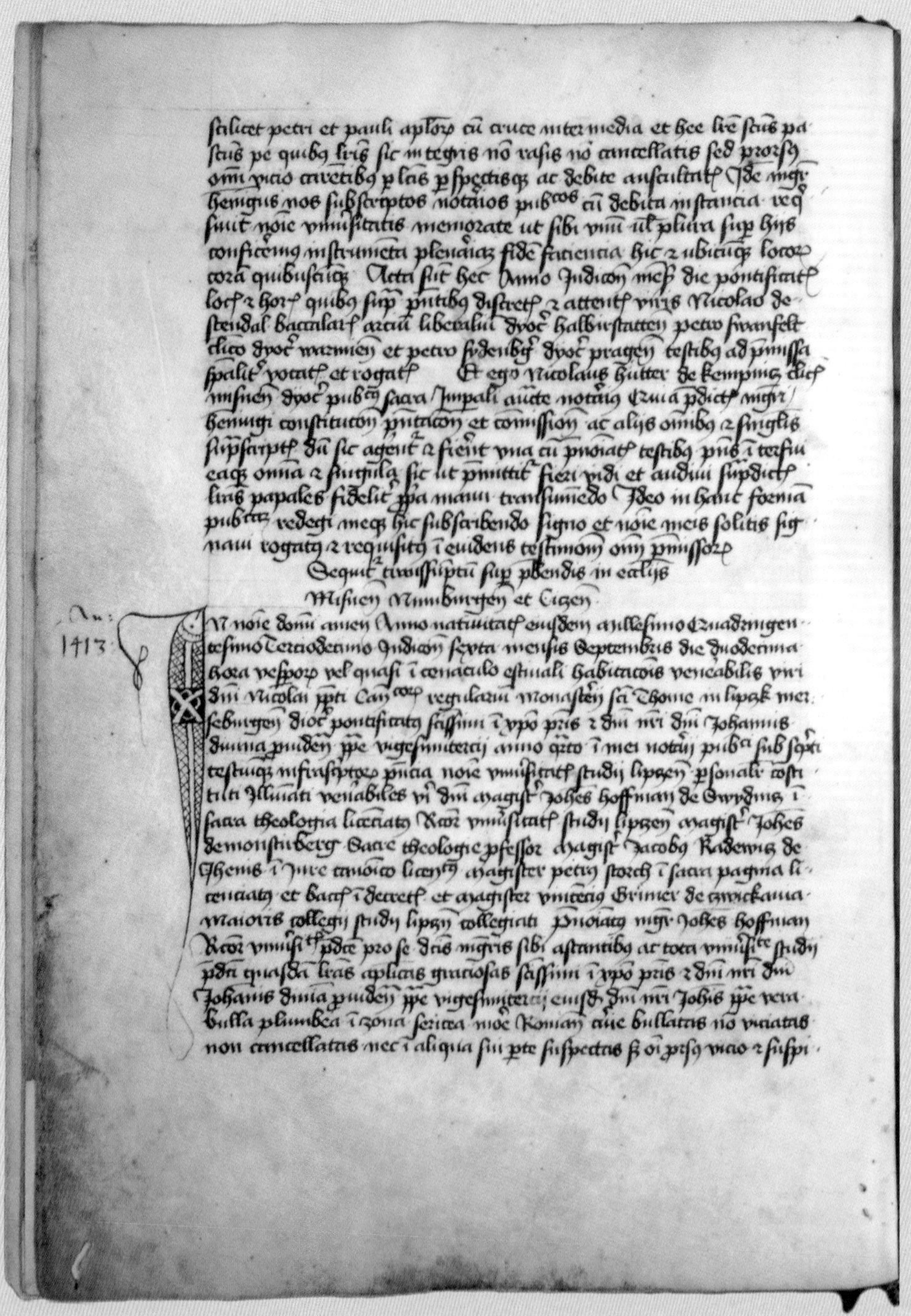

scilicet petri et pauli aplorum cum cruce intermedia et hec lire scdm partium pe quibus liris sic in tegris non rasis non cancellatis sed prorsus omni vicio cruetibus plas pspectibusqz ac debite auscultatz Jde mgr hennigus nos subscriptos notarios publicos cum debita instancia requisiuit noie vniusitatis memorate ut sibi vnum uel plura sup hijs conficerem instrumentu plenariaz fide facienciam hic z ubicumqz locorum tora quibusuis Acta sit hec Anno Judicon mes die pontificatu locis z horis quibus sup pnitibus discretis z attentis vniris Nicolao de stendal baccalari arciu liberaliu dyoc halberstatten petro swanfelt clico dyoc warmien et petro sydenbzf dyoc pragen testibus ad pmissa spalit vocatis et rogatis Et ego Nicolaus hutter de kempnis clicus mstien dyoc publcus sacra Jmpali auce notarius Z vnia pdicte mgr hennigi constitucon vnitacon et comisson ac alijs omnibus z singlis supscriptis du sic agent z fierent vna cum pnoiatis testibus pns z tstis eaqz omnia z singula sic ut pmittitur fieri vidi et audiui supdictis liris papales fidelit ppa manu transumendo Jdeo in hanc formam publcam redegi meqz hic subscribendo signo et noie meis solitis signaui rogatus z requisitus Z euidens testimon omnium pmissorum

Sequit tiunscriptu sup ponendis in caplis
Missiven Nuriuburgen et Ligen.

JN noie dmi amen Anno natiuitatis eiusdem millesimo Quadringentesimo tertiodecima Judicon sexta mensis Septembris die duodecima hora vesporum vel quasi i cenaculo estiuali habitacois veneabilis vni dmi Nicolai ppi Canonicorum regulariu Monasterii scm Thome in lipzk mersebirgen dyoc pontificatus sanssin Xpo pris z dmi mi dmi Johannis dinia pruden ppe vigesimitercia anno octo i mei notarii publca sub scti testiuni infrascriptes pncia noie vniusitatis studij lipzen psonalit constituti illuminati veneabiles vi dmi magist Johes hoffman de Swidnis i sacra theologia licciati Rectoris vniusitatis studij lipzen magist Johes demonstibergi Suare theologie pfessor magist Jacobus Ruduuis de Thena i Jure canonico liccntia magister petrus storch i sacra pagina liccnaatis et bacc i decretis et magister vniucrig Grinner de zwickauia maioris collegij studij lipzen collegiati Pnoiatiqz mgr Johes hoffman Rector vniusitatis pdicte pro se dmi mgris sibi astantibus ac tota vniusitate studij pdcn quasda litas caplicis gruiosas sanssin i Xpo pris z dmi mi dmi Johannis dinia pruden ppe vigesimitercia eiusdm dmi mi Johis ppe vera bulla plumbea i zona scripta more Romana aue bullatis no rautas non cancellatis nec i aliqua sui pte suspectis sz oi visu vicio z suspi

Abb. 29

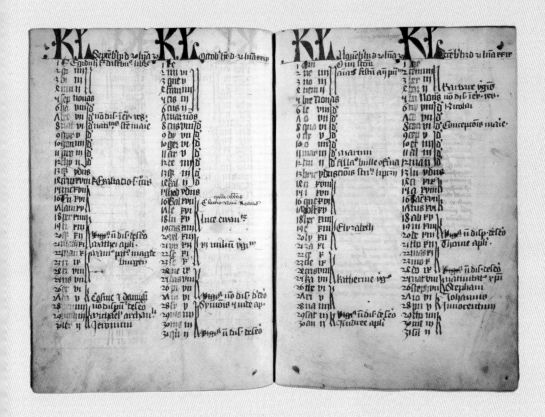

*Abb. 30: Das Universitätskalendarium für die Monate September–Dezember mit dem Eintrag über das Eintreffen der päpstlichen Gründungsurkunde am 12. November 1409. Leipzig, Universitätsarchiv, Rektor M 1 (Matrikel 1), fol. 84v–85r.*

# 2.

*Friedrich (IV.) und Wilhelm (II.), Landgrafen von Thüringen, Markgrafen von Meißen und Pfalzgrafen von Sachsen, verfügen, daß es an der Universität Leipzig vier gleichberechtigte Nationen geben soll, sie richten zwei Kollegien mit insgesamt 20 Magisterstellen ein und erlassen weitere Bestimmungen, welche die Universität betreffen.*

*1409 Dezember 2, Leipzig*

*Original: — [1]*

*Kopie (saec. XV): Leipzig, Universitätsarchiv, Rektor M 1 (Matrikel 1; olim: A')[2], fol. 16r–16v (B)[3] = Abb. 31–32 in diesem Band — Kopie (saec. XV): Leipzig, Universitätsarchiv, Rektor M 2 (Matrikel 2; olim: A''), fol. 5v–6r (Abschrift von B = C)[4] — Kopie (saec. XVI): Leipzig, Universitätsarchiv, Rektor B 44 (Copiale magnum, Bd. I), fol. 8r–9r (Abschrift von C = D)[5].*

---

1)   *Die landesherrliche Ordnung für die Universität Leipzig ist nur abschriftlich überliefert. Zur Frage, ob eine Siegelurkunde ausgestellt wurde oder nicht – letzteres ist zu vermuten –, vgl. Zarncke, Urkundl. Quellen, S. 522, Anm. 1, S. 532 f., S. 540 f., Nr. 1 und S. 556, Nr. 1a; Gersdorf, Beitrag, S. 11 f., Anm. \* sowie Zarncke, Urkunden, S. 483–485.*

2)   *Zur Handschrift vgl. Zarncke, Urkundl. Quellen, besonders S. 554–565; CDS II, Bd. 16, besonders S. XIII–XVIII.*

3)   *Die Überschriften des zweispaltig geschriebenen, in Absätze gegliederten Textes wurden mit roter Tinte ausgeführt; darüber hinaus sind die Initialen einzelner Wörter durch rote Strichelung hervorgehoben worden. — Nach Zarncke, Urkundl. Quellen, S. 556, Nr. 1a (ferner: S. 532 f.; S. 540 f., Nr. 1) und CDS II, Bd. 16, S. XV handelt es sich bei B um eine eigenhändige Abschrift von Vinzenz Grüner, Rektor der Universität Leipzig im Wintersemester 1410/11 (zu Grüner [Gruner] siehe zuletzt Bünz, Kloster Altzelle, S. 261–264, 267 f.). Vgl. zu B auch Zarncke, Statutenbücher, S. 3, Anm. 1 und Zarncke, Urkunden, S. 483 – in dem am Schluß genannten Beitrag ist nur noch von einer gleichzeitigen Abschrift die Rede, die »wahrscheinlich« von Vinzenz Grüner stammt.*

4)   *C ist wie B zweispaltig geschrieben und in Absätze gegliedert, doch ist der Text nicht mit Überschriften versehen worden. Der freigelassene Raum zwischen den einzelnen Absätzen läßt vermuten, daß diese nachgetragen werden sollten, was allerdings unterblieben ist. Vgl. auch unten Anm. 5. — Eigenhändige Abschrift von Johannes von Brieg, Rektor der Universität Leipzig im Wintersemester 1440/41; vgl. dazu und zu dieser Handschrift (Matrikel 2) Zarncke, Urkundl. Quellen, besonders S. 554, 565–567; CDS II, Bd. 16, besonders S. XVIII–XXI.*

5)   *Das Kopialbuch ist von Caspar Borner (gest. 1547) angelegt worden, der im Wintersemester 1539/40 der Leipziger Universität erstmals als Rektor vorstand; zur Handschrift vgl. Zarncke, Urkundl. Quellen, S. 536–550, hier besonders S. 540 f., Nr. 1. — In einer kurzen, D vorangestellten Notiz weist der Kopist darauf hin, daß ihm die Abschrift der landesherrlichen Ordnung in Matrikel 1 als Vorlage gedient hat: Ex matricula universitatis et folio eiusdem pergamenaceo eoque decimo sexto scripture antique minime suspecte fundatio eiusdem ad verbum huc transcripta sequitur. Die Abschrift im Copiale magnum geht allerdings nicht auf B zurück, sondern vielmehr auf C – lediglich die Überschriften sind der ältesten Leipziger Matrikel entnommen und in D von einer zweiten Hand nachgetragen worden. Daß D auf C beruht, verrät vor allem folgendes Indiz: Sowohl in C als auch in D sind die beiden letzten Abschnitte, die in B die*

*Edition: Schneider, Chron. Lipsiense, S. 275–277 = Hübner, Fridericus Bellicosus, S. 46–48, Nr. III = Große, Geschichte der Stadt Leipzig, Bd. 1, S. 264–266, Anm. \*\* — Lehms, Hist. Beschreibung, S. 19–25 — Lünig, Reichs-Archiv, Bd. 14, S. 593 f., Nr. VI — Stieff, Einleitung zur Historie, T. 3, S. 140–143 — Lünig, Codex Augusteus, Bd. 1, Sp. 905 f. — Horn, Friedrich der Streitbare, S. 751 f., Nr. 139 — Glafey, Kern der Geschichte, S. 736–739 — Miscellanea Saxonica 10 (1776), S. 265–268 — Kreußler, Geschichte der Universität Leipzig, S. 6–10 — Zarncke, Statutenbücher, S. 3–5, Nr. 1 aus B — CDS II, Bd. 11, S. 3–5, Nr. 2 aus D = Beier/ Dobritzsch, Tausend Jahre deutscher Vergangenheit, Bd. 1, S. 134–136.*

*Übersetzung: Lehms, Hist. Beschreibung, S. 19–25 — Stieff, Einleitung zur Historie, T. 3, S. 148–151 — Miscellanea Saxonica 10 (1776), S. 274–278 — Kreußler, Geschichte der Universität Leipzig, S. 10–13 — Beier/Dobritzsch, Tausend Jahre deutscher Vergangenheit, Bd. 1, S. 134–136 — Schmieder, Quellen zur sächsischen Geschichte, S. 15–17.*

*Regest: Horn, Friedrich der Streitbare, S. 622, Nr. 139 — Schöttgen, Inventarium diplomaticum, Sp. 348 — Zarncke, Urkundl. Quellen, S. 540 f., Nr. 1 — vgl. auch CDS II, Bd. 16, S. 10, Nr. 11.*

*Dem nachfolgenden Druck der landesherrlichen Ordnung für die Universität Leipzig liegt der Text von B[6] zugrunde; die Anmerkungen enthalten die Varianten von C und D[7].*

Incipit ordinacio et fundacio studii Lipczensis[a] per quatuor naciones perpetuas.

In nomine domini amen. Ad honorem omnipotentis dei glorioseque virginis Marie ac tocius celestis curie necnon ad utilitatem sancte matris ecclesie atque pro salute animarum nostrarum et progenitorum nostrorum subditorum quoque nostrorum[b] et circumvicinarum terrarum et gencium, que procul sunt, ob profectum nos Fridericus

---

*Überschriften De ordine magistrorum in collegiis und De tempore et loco ordinacionis tragen, zu einem Abschnitt verschmolzen worden, d. h. auf voluntati reservamus folgt nun unmittelbar Huius ordinacionis etc. Da die Überschrift De tempore et loco ordinationis in D nicht über dem Text plaziert werden konnte, mußte sie am Rand nachgetragen werden (vgl. unten Anm. x), was zugleich ein Hinweis darauf ist, daß der Schreiber von D nicht auf B, sondern auf die besser lesbare Abschrift C zurückgegriffen hatte. Weitere Übereinstimmungen zwischen beiden Texten bestätigen diese Beobachtung – vgl. besonders Anm. b, h, j, r, u und z. — In der Handschrift Rektor B 106 des Leipziger Universitätsarchivs, einer Abschrift des Copiale magnum, ist der Text der landesherrlichen Ordnung von 1409 Dezember 2 auf fol. 14v–17r eingetragen worden.*

6)    *Unleserliche Stellen in B sind stillschweigend nach C bzw. D ergänzt worden.*

7)    *Der Schreiber von D verwendet neben e auch ae und ę; zudem gebraucht er durchgängig t (und nicht c) vor i und nachfolgendem Vokal. Derartige Schreibungen sind im Apparat nicht nachgewiesen worden.*

a)    *Lipsensis D.*

b)    *subditorumque nostrorum CD.*

senior[8] et Wilhelmus, fratres germani, divina favente clemencia Turingie[c] lantgravii[d], marchiones Misnenses comitesque Saxonie pallatini[e], pro felici incremento universitatis studii Lypczensis[f] privilegiis, statutis et graciis sedis apostolice privilegiati et confirmati, sicud[g] in litteris apostolicis[9] desuper datis et concessis plenius continetur, prehabitis super hoc matura deliberacione et consilio[h] episcoporum, doctorum, magistrorum et prelatorum, accedente nichilominus[i] consensu et voluntate honorabilium magistrorum in predicta nostra universitate pronunc constitutorum et degencium, volumus, statuimus et ordinamus, quod perpetue in ipsa universitate sint quatuor naciones, videlicet Misnensium, Saxonum, Bavarorum et Polonorum[j].

## De paritate nacionum

Item ordinavimus et ordinamus, quod predicte quatuor naciones in consiliis universitatis et examinibus facultatis arcium, in emolumentis ceterisque disposicionibus in dicta universitate habendis et faciendis per omnia sint equales.

## De libertacione collegiorum

Item in dicto opido pro predicta universitate ad incrementum eiusdem instituimus et fundavimus duo collegia, que nominabuntur collegia principum, quorum unum vocabitur maius, aliud vero minus, pro quibus duas domus donavimus et assignavimus pro leccionibus, disputacionibus ceterisque actibus scolasticis[k] inibi exercendis, et easdem domus collegiorum ab omnibus losungis, exaccionibus, contribucionibus, steuris, iuribus, oneribus et a subieccione civium opidi prefati libertamus et ad comodum[l] pretacte universitatis de certa nostra sciencia graciose incorporamus et libertamus.

---

c)  Thuringie *CD.*
d)  t *wohl von erster Hand im Oberlängenbereich der Zeile (über* ng) *nachgetragen B;* landtgravii *D.*
e)  palatini *CD.*
f)  Lipczensis *C;* Liptzensis *D.*
g)  sic(u)d *B;* sicut *CD.*
h)  consiliis *CD.*
i)  nihilominus *D.*
j)  Misnenses, Saxones, Bauari et Poloni *CD.*
k)  scholasticis *D.*
l)  commodum *D.*

8)  *Friedrich (IV., dem Streitbaren) wurde der Zusatz* senior *beigegeben, um ihn von seinem Vetter Friedrich (dem Friedfertigen) zu unterscheiden; siehe auch CDS I/B, Bd. 3, S. XVI. Zur Genealogie vgl. Posse, Wettiner, Tafel 5–6 und Berichtigungen/Ergänzungen, S. 3; Schwennicke, Europäische Stammtafeln I/1, Tafel 153.*
9)  *Trotz des Plurals kann hier nur Nr. 1, die Bulle Papst Alexanders V. von 1409 September 9, gemeint sein.*

## De quantitate sallarii[m] perpetui

Item quod[n] magistri, doctores, studentes eo libencius ad dictum studium confluant, studeant et laborent, deputavimus pro XX[ti] magistris[o] stipendia seu sallarium[p] perpetuum quingentorum florenorum[10], quos annuatim de camera nostra persolvere volumus iuxta ordinacionem infra scriptam, quousque tantum in perpetuis redditibus poterimus ipsis providere, et quam primum poterimus de censibus perpetuis ipsis curabimus providere.

## De ordinacione maioris collegii

Item volumus et ordinamus, quod in maiori collegio sint XII magistri, de qualibet nacione tres, quorum quilibet pro sallario[q] habebit XXX florenos annuatim. Inter quos debet esse unus magister sacre theologie, qui ultra predictam summam habebit XXX florenos omni anno. Et sic predicti magistri XII[r] in tota summa CCC nonaginta florenos habebunt.

## De ordinacione minoris collegii

Item volumus, quod in minori collegio sint octo magistri, de qualibet nacione duo, quorum quilibet pro sallario[s] annuatim habebit XII florenos.

## De prerogativa temporali Saxonum

Item ex certis motivis absque preiudicio antedicte nostre ordinacionis de consensu nacionum Misnensium et Polonorum disposuimus, quod nacio Saxonum in minori collegio pronunc debeat habere quatuor magistros, sic quod Misnenses et Poloni ad complacendum[t] nobis condescendant ipsis in duobus. Et hec disposicio huius articuli dumtaxat ad annos quatuor perdurabit, ita[u] quod, si infra dictos quatuor annos aliquis dictorum quatuor magistrorum cederet vel decederet, alius eiusdem nacionis capiatur. Quibus quatuor annis lapsis extunc nos huius articuli ordinacionem seu disposicionem immutandi vel ulterius

---

m) salarii *D.*
n) q(uod) *wohl von erster Hand im Oberlängenbereich der Zeile nachgetragen B.*
o) viginti magistris *CD.*
p) salarium *D.*
q) salario *D.*
r) XII magistri *CD.*
s) salario *D.*
t) co(m)placendu(m) *B;* conplacend(um) *C;* complacendum *D.*
u) Item *C;* Item *durch Unterstreichen getilgt, darüber* Ita *geschrieben: Korrektur von zweiter Hand D.*
10) *Die exakte Summe beläuft sich auf 486 Gulden, wie aus dem nachfolgenden Text hervorgeht.*

continuandi absque cuiusquam nacionis contradiccione plenam et liberam habebimus facultatem.

## De ordine[v)] magistrorum in collegiis

Item est intencionis et voluntatis nostre, quod magistri, qui recipiuntur pronunc ad collegia, ordinem secundum senium magisterii observabunt. Cetera vero statuenda et ordinanda in universitate stabunt ad arbitrium nostrum, et si aliqua dubia in premissa ordinacione occurrerent[w)] vel in ordinacionibus adhuc faciendis, hec omnia arbitrio nostro et voluntati reservamus.

## De tempore et loco ordinacionis[x)]

Huius ordinacionis pronuncciacio[y)] facta fuit anno domini M°CCCC° nono[z)], secunda feria post primam dominicam adventus domini, hora quasi nona, in refectorio canonicorum regularium cenobii sancti Thome in Lypcz[aa)], presentibus serenissimis principibus prenominatis una cum episcopis, prelatis, magistris ad hanc faciendam rogatis specialiter et vocatis.

---

v)   ordinatione *D.*
w)   occurrerint *D.*
x)   De tempore et loco ordinationis *am linken Rand von zweiter Hand nachgetragen D.*
y)   *sic BC;* pronuntiatio *D.*
z)   M°CCCCIX *CD.*
aa)  Lipczk *C;* Liptzk *D.*

# Übersetzung

Es beginnt [der Text des Dokumentes über] die Ordnung und die Gründung der Leipziger Universität durch vier ständige Nationen.

Im Namen des Herrn. Amen. Zu Ehren des allmächtigen Gottes und der ruhmvollen Jungfrau Maria und des ganzen himmlischen Hofes wie auch zum Wohl der heiligen Mutter Kirche und für das Heil unserer und unserer Vorfahren Seelen und ebenso wegen des Nutzens für diejenigen, die unter unserer Herrschaft stehen, und wegen des Nutzens für die benachbarten Gebiete und für die Leute, die in fernen Gegenden leben, wünschen, beschließen und verfügen wir, Friedrich der Ältere und Wilhelm, leibliche Brüder, durch die Gunst göttlicher Gnade Landgrafen von Thüringen, Markgrafen von Meißen und Pfalzgrafen von Sachsen, im Interesse eines glücklichen Gedeihens der Leipziger Universität, die mit Privilegien, Bestimmungen und Gnadenerweisen des apostolischen Stuhls ausgestattet und gesichert worden ist, so wie es in den päpstlichen Urkunden, die darüber ausgestellt und gewährt worden sind, ausführlicher enthalten ist, nach vorausgegangener gründlicher Überlegung in dieser Angelegenheit und Beratung mit den Bischöfen, Doktoren, Magistern und Prälaten, außerdem mit Zustimmung und Einwilligung der ehrwürdigen, an unsere oben genannte Universität gegenwärtig berufenen und hier anwesenden Magister, daß es an dieser Universität stets vier Nationen geben soll, nämlich die der Meißner, der Sachsen, der Bayern und der Polen.

## Über die Gleichheit der Nationen

Ebenso haben wir angeordnet und ordnen wir an, daß die oben erwähnten vier Nationen in den Universitätsgremien und bei den Prüfungen der Artistenfakultät, bei den Emolumenten und bei anderen, in der genannten Universität zu treffenden Dispositionen in jeder Hinsicht gleichberechtigt sein sollen.

## Über die Freiheit der Kollegien

Des weiteren haben wir in der genannten Stadt für die oben erwähnte Universität, um ihr Gedeihen zu fördern, zwei Kollegien eingerichtet und gegründet, welche »Fürstenkollegien« genannt werden sollen, von denen das eine den Namen »Größeres Fürstenkolleg«, das andere aber den Namen »Kleineres Fürstenkolleg« tragen soll, wofür wir zwei Häuser geschenkt und übereignet haben, wo Vorlesungen, Disputationen und andere gelehrte Tätigkeiten durchgeführt werden sollen. Und dieselben Kollegienhäuser befreien wir von jeglicher Losung, von allen Abgaben, Kontributionen, Steuern, Leistungen, Lasten und von der Unterwerfung unter die [Gerichtsbarkeit der] Bürgerschaft der erwähnten Stadt, und zum Nutzen der genannten Universität [und] in sicherer Kenntnis [der Sachlage] inkorporieren wir sie gnädig [der Universität] und statten sie mit den erwähnten Privilegien aus.

### Über den Umfang des festen Gehaltes

Auch haben wir, damit sich die Magister, Doktoren [und] Studenten um so lieber zu der genannten Universität begeben, [hier] studieren und arbeiten mögen, für zwanzig Magister Lohn bzw. festes Gehalt [in Höhe] von [insgesamt] 500 Gulden festgesetzt; und diese [zwanzig Magister] wollen wir gemäß der nachstehenden Anordnung aus [den Mitteln] unserer Kammer alljährlich bezahlen, bis wir ihnen ebenso viel an festen Einkünften werden anweisen können – und daher werden wir sie sobald wie möglich mit festen Zinseinkünften versehen lassen.

### Über die Ordnung des größeren Kollegs

Desgleichen wünschen und verfügen wir, daß dem größeren Kolleg zwölf Magister angehören sollen, von jeder Nation drei, von denen jeder ein Jahresgehalt von 30 Gulden erhalten soll. Unter ihnen soll sich ein Magister der heiligen Theologie befinden, der außer der zuvor genannten Summe alljährlich noch 30 Gulden zusätzlich bekommen soll. Und demgemäß werden die oben erwähnten zwölf Magister insgesamt 390 Gulden erhalten.

### Über die Ordnung des kleineren Kollegs

Ebenso wünschen wir, daß dem kleineren Kolleg acht Magister angehören sollen, von jeder Nation zwei, von denen jeder 12 Gulden jährlich als Gehalt erhalten soll.

### Über ein zeitlich begrenztes Privileg [der Nation] der Sachsen

Des weiteren haben wir aus bestimmten Beweggründen – ohne Präjudiz für unsere zuvor erlassene Anordnung – mit Einwilligung der Nationen der Meißner und der Polen verfügt, daß die Nation der Sachsen im kleineren Kolleg zunächst vier Magister[-Stellen] erhalten soll, [und zwar] dergestalt, daß die Meißner und die Polen, um uns einen Gefallen zu erweisen, sie mit zwei Stellen unterstützen sollen. Jedoch soll die in diesem Abschnitt getroffene Verfügung lediglich vier Jahre Bestand haben, [und zwar] dergestalt, daß, wenn während der genannten vier Jahre einer der erwähnten vier Magister weggehen oder sterben sollte, ein anderer [Magister] aus derselben Nation berufen werden soll. Nach Ablauf der

*Abb. 31–32 (diese und folgende Seite): Die Wettiner Friedrich (IV.) und Wilhelm (II.) erlassen eine Ordnung für die Universität Leipzig (2. Dezember 1409). Leipzig, Universitätsarchiv, Rektor M 1 (Matrikel 1), fol. 16r–v.*

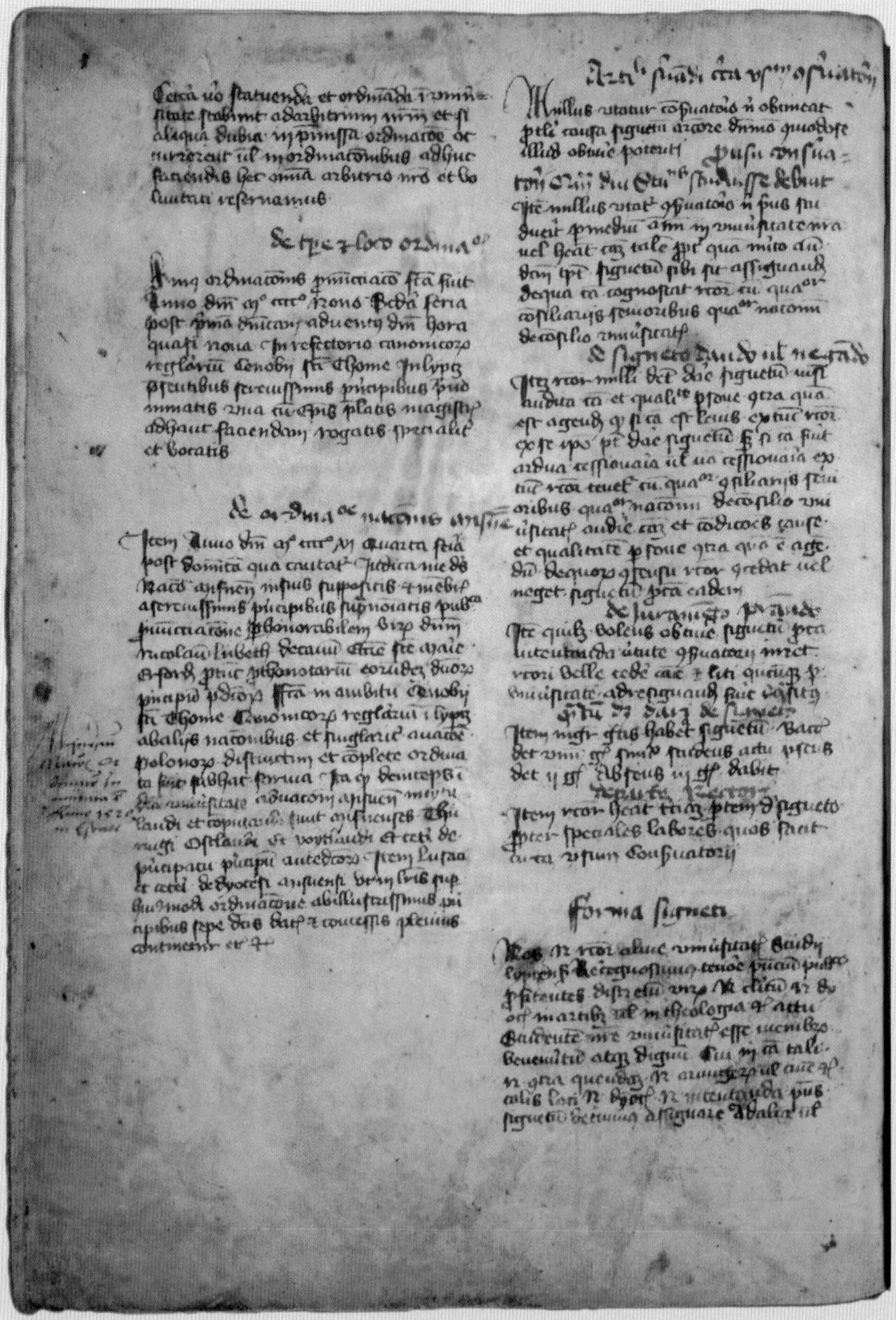

Abb. 32

*Abb. 33: Das große Siegel (»sigillum maiestatis«) der Universität Leipzig, mit Darstellung des hl. Johannes Baptista und des hl. Laurentius. Siegelabdruck an einer Urkunde vom 26. Januar 1516. Leipzig, Universitätsarchiv, Urkunden, 1516-1-26.*

vier Jahre werden wir dann das volle und uneingeschränkte Recht haben, die in diesem Abschnitt erlassene Verordnung bzw. Verfügung zu ändern oder weiter zu verlängern, [und zwar] ohne Widerspruch irgendeiner Nation.

### Über die Rangordnung der Magister in den Kollegien

Ebenso ist es unser Bestreben und Wille, daß die Magister, die jetzt in die Kollegien aufgenommen werden, die Rangordnung nach dem Alter der Magisterwürde beachten sollen. Die übrigen Dinge aber, die in der Universität zu beschließen und anzuordnen sind, sollen unserer Entscheidung unterliegen, und wenn sich irgendwelche Zweifel im Hinblick auf die vorausgeschickte Verordnung einstellen sollten oder in bezug auf künftig zu erlassende Verordnungen, [so] behalten wir all dies unserer Entscheidung und Einwilligung vor.

### Über den Zeitpunkt und den Ort [der Verkündung] der Ordnung [der Leipziger Universität]

Die Verkündung dieser Ordnung ist geschehen im 1409. Jahr des Herrn, am Montag nach dem ersten Adventssonntag, ungefähr zur neunten Stunde, im Refektorium der Regularkanoniker des Stifts St. Thomas in Leipzig, [und zwar] in Gegenwart der oben genannten durchlauchtigsten Fürsten und der dazu eigens gebetenen und geladenen Bischöfe, Prälaten und Magister.

# 3.

*Papst Alexander V. ernennt den Bischof von Merseburg sowie die (Dom-)Dekane von Merseburg und Naumburg zu Konservatoren der Universität Leipzig und beauftragt sie, gegen diejenigen Personen vorzugehen, welche der Universität in bezug auf deren Besitzungen, Einkünfte und Rechte Schaden zufügen.*

*1409 Dezember 19, Pistoja*

*Original: Leipzig, Universitätsarchiv, Urkunden, 1409-12-19 (olim: Urkunde Nr. 1) (A) = Abb. 35a-b in diesem Band; weitere Abbildungen: Fläschendräger, Alma mater Lipsiensis, S. 7 (mit falscher Bildunterschrift S. 6); Universität Leipzig, S. 2; Krause, Alma mater Lipsiensis, S. 30, Bild 1.5; Blecher/Wiemers, Die Universität Leipzig, S. 102; 600 Jahre Universität Leipzig, S. 11 — Provenienz: Leipzig, Universität — Pergament: 68,0–68,4 cm breit, 39,0– 39,3 cm hoch, Plica 10,2–10,4 cm — Urkundenart: littera cum filo canapis[1] — Besieglung: Bleibulle Papst Alexanders V.[2] (Abb. 34a-b in diesem Band) hängt an Hanfschnur (zwei Schnitte in der Plica und im darunterliegenden Pergament)[3].*

---

1)   *Zu dieser Urkundenart vgl. einführend Frenz, Papsturkunden, S. 23–27 (I documenti pontifici, S. 23–26); weitere Literatur bei Graber, Spurium, S. 96f., Anm. 23.*

2)   *Päpstliche Privilegien, Bullen* Ad perpetuam rei memoriam *und litterae sind mit Bleibullen besiegelt worden. Die päpstlichen Bleibullen sind rund und weisen eine doppelseitige Reliefprägung auf. Eine Seite der Bulle zeigt den (Abdruck des) Namensstempel(s), die andere den (des) Apostelstempel(s). Der Namensstempel Alexanders V. (Durchmesser des Siegelfeldes: 3,7 cm [Durchmesser der Bulle: 3,8–3,9 cm]) enthält folgende, auf drei Zeilen verteilte Angaben, und zwar den Namen des Papstes* Alexander *(Zeile 1–2), dem sich auf Zeile 3 der Titel* papa *und die Ordinalzahl* V *anschließen (: ALE|XANDER | : P͞P : V : ). Name, Titel und Ordnungszahl des Papstes werden von einem punktierten Kranz umgeben, welcher der Peripherie des Siegels folgt (Randpunkte: ca. 75, Anzahl nicht exakt bestimmbar – das Auszählen der erhabenen »Punkte« auf dem Siegel galt bereits im Mittelalter als eine wichtige Methode, um die Echtheit einer päpstlichen Bleibulle zu überprüfen; vgl. Graber, Spurium, S. 111f., Anm. 77). Der Apostelstempel (Durchmesser des Siegelfeldes: 3,6 cm) zeigt die Köpfe von Paulus und Petrus, wobei zwischen den Apostelbildnissen ein auf einem Schaft ruhendes lateinisches Kreuz plaziert worden ist. Aus der Sicht des Betrachters befindet sich zur Linken der Kopf des Paulus (mit gestricheltem Haar und Bart), rechts davon der Kopf des Petrus, dessen Haare und Bart in Form von Punkten ausgeführt sind (Haar des Petrus: 24 Punkte, Bart: 28 Punkte), während eine über den Häuptern positionierte, querlaufende Aufschrift* SPASPE *lautet (SPASPE = Sanctus PAulus, Sanctus PEtrus oder Sanctus Paulus Apostolus, Sanctus Petrus Episcopus; vgl. ebd., S. 109–111). Wie schon beim Namensstempel bildet ein punktierter Kranz die Begrenzung des Siegelrandes (Randpunkte: 75). Darüber hinaus sind die Bildnisse der Apostel mit jeweils einem fast ovalen, gleichfalls punktierten Halbbogen, der den Kranz an zwei Stellen schneidet, eingefaßt worden (Paulus-Gloriole: 27 Punkte, Petrus-Gloriole: 27 Punkte). Vgl. auch Nr. 1, Anm. 3.*

3)   *Die Befestigungstechnik der Siegelschnur entspricht ganz den kurialen Gepflogenheiten; vgl. hierzu Graber, Spurium, Tafel 15, Abb. 1, 2, 4 und CDS III, Bd. 1, S. 337.*

*Kuriale Vermerke:*

| | | |
|---|---|---|
| R e c t o : | oben, in der linken Ecke: | *vertikaler, mit Zierelementen versehener Strich*[4] |
| | oben, in der rechten Ecke: | I[5] |
| | auf der Plica, rechts: | R₇^ta gratis |
| | | Io. Stalberg[6] |
| | daneben (rechts): | X[7] |
| | unter der Plica, links: | C[8] |
| | daneben (rechts): | 9[9] |
| V e r s o : | in der Mitte: | R₇ *mit eingeschriebenem* .S.[10] |
| | unten, in der Mitte: | Solvit michi Raphaeli.[11] |
| | unten, in der rechten Ecke: | H. G[ar]mont *(kopfständig)*[12] |

---

4) *Zu diesem Vermerk vgl. Nr. 1 mit Anm. 4.*

5) *Zu diesem Vermerk vgl. Nr. 1 mit Anm. 6 und 4.*

6) *Zu diesem Vermerk vgl. Nr. 1 mit Anm. 8. Zum päpstlichen Skriptor* Iohannes Stalberg, *dem Schreiber des vorliegenden Stückes, vgl. Frenz, Schriftformen, T. 1, S. 409, Nr. 26; ders., Problem, S. 261, Nr. 64; Kochendörffer, Päpstl. Kurialen, S. 584, Nr. 18; Largiadèr, PU Zürich, S. 71; ders., PU Schweiz II, S. 405; MVB VI/1, S. 50 f., Nr. 68, S. 319, Nr. 481, S. 320–326, Nr. 484; MVB VII/1, S. 364, Nr. 883; RG II/1, Sp. 761 (s. v. Johannes Stalberg de Rondenberg); RG III, Sp. 20, 242 f.; RG IV/4, S. 269; SB IV, S. 588; Schmidt, PU Baden-Württemberg II, S. 644; ders., PU Norddeutschland, S. 223; Schuchard, Die Deutschen, S. 237–240; Schwarz, PU Niedersachsen, S. 221 sowie Zutshi, Papal letters England, S. 279, 295.*

7) *Zu diesem Vermerk vgl. Nr. 1 mit Anm. 9 und 10.*

8) *Zu diesem Vermerk vgl. Nr. 1 mit Anm. 10.*

9) *Zu diesem Vermerk vgl. Nr. 1 mit Anm. 11.*

10) *Zu diesem Vermerk vgl. Nr. 1 mit Anm. 12.*

11) *Dieser nicht sicher zu deutende Vermerk, mit dem eine Zahlung quittiert wird, befindet sich auf der Rückseite des Stückes am unteren Rand, und zwar rechts von den Einschnitten für die Siegelschnur. Der Vermerk des* Raphael *erscheint im Zeitraum von 1407 bis 1409 auf päpstlichen Originalurkunden; vgl. SB IV, S. 636; Schmidt, PU Baden-Württemberg II, S. 662, 688; ders., PU Norddeutschland, S. 231, 242 sowie Schwarz, PU Niedersachsen, S. XXVII, Anm. 61. SB IV und Schmidt halten eine Identität des hier genannten* Raphael *mit dem päpstlichen Schreiber* Raphael de Bossis (1413–1424) *für möglich; zu letzterem vgl. Frenz, Problem, S. 262; SB IV, S. 637; Schmidt, PU Baden-Württemberg II, S. 661; ders., PU Norddeutschland, S. 230 sowie Zutshi, Papal letters England, S. 300.*

12) *Zu diesem Vermerk siehe Nr. 1 mit Anm. 14; zu* H. Garmont *vgl. SB IV, S. 561.*

*Register:* — [13]

*Kopie (1501): Transsumpt der Urkunde Papst Alexanders V. von 1409 Dezember 19 (B) in einem Vidimus von 1501 April 22 (V); eine Ausfertigung der Urkunde (T) scheint nicht erhalten zu sein — Kopie (saec. XVI): Leipzig, Universitätsarchiv, Rektor B 20 (Caspar Borner, Index E), fol. 87r–95v (Abschrift von T), hier fol. 88r–89v (Abschrift von B = C)[14] — Kopie (saec. XVI): Leipzig, Universitätsarchiv, Rektor B 44 (Copiale magnum, Bd. I), fol. 12r–13v (Abschrift von A = D)[15].*

*Edition: Horn, Friedrich der Streitbare, S. 308–312 aus Kopie fehlerhaft zu 1409 Dezember 18 — Rechenberg, De advocatis, ohne Paginierung (nach S. 64 [= S. 65–68]) — CDS II, Bd. 11, S. 5–7, Nr. 3 aus A.*

*Regest: Schöttgen, Inventarium diplomaticum, Sp. 348 — Wilmans, Regesta episcoporum Merseburgensium, S. 201 mit fehlerhaftem Regest und fehlerhafter Datierung zu 1409 Dezember 18 — RG III, Sp. 21 (siehe dazu auch unten Anm. 13).*

*Formular: vgl. Tangl, Kanzleiordnungen, S. 321–324, Nr. CXXIX (mit der Arenga* Militanti ecclesie licet *etc., ansonsten textlich weitestgehend mit A übereinstimmend) (F).*

*Dem nachfolgenden Druck liegt der Text von A zugrunde, wobei unleserliche Stellen der Vorlage stillschweigend nach C bzw. D ergänzt worden sind. Es wird der Zeilenwechsel von A angezeigt.*

13)  *Ein Registereintrag von A läßt sich nicht nachweisen, was darauf zurückzuführen ist, daß die Register Alexanders V. heute nicht mehr vollständig erhalten sind. Zu den Verlusten zählt auch jener Band, welcher den Eintrag des vorliegenden, mit dem R(egistrata)-Vermerk (siehe oben bei Anm. 10) versehenen Stückes enthielt. Daß das Schreiben tatsächlich registriert worden ist, läßt sich jedoch Indice 323 des Vatikanischen Archivs entnehmen, einer im 17. Jahrhundert entstandenen Handschrift, in der Stücke aus den Registern Alexanders V. – darunter auch die Urkunde von 1409 Dezember 19 – in Regestform verzeichnet worden sind. Die Fundstelle indes bedarf einer neuerlichen Überprüfung, denn das Regest des Schreibens befindet sich nicht – wie in RG III, Sp. 21 angegeben – auf Blatt 170 des genannten Bandes (freundliche Mitteilung von Frau Dr. Kerstin Rahn, Deutsches Historisches Institut in Rom). Da Indice 323 nur ein Regest der Urkunde bietet, ist von einer Einsichtnahme in die Handschrift abgesehen worden. Zu Indice 323 vgl. RG III, S. 1\* f.; Boyle, A survey of the Vatican archives, S. 142–144; ferner Diener, Kanzleiregister, S. 112. — Vgl. auch Nr. 1, Anm. 15.*

14)  *Zur Handschrift vgl. Zarncke, Urkundl. Quellen, S. 690–692, hier besonders S. 691, Nr. 1.*

15)  *Das Kopialbuch ist von Caspar Borner (gest. 1547) angelegt worden, der im Wintersemester 1539/40 der Leipziger Universität erstmals als Rektor vorstand; zur Handschrift vgl. Zarncke, Urkundl. Quellen, S. 536–550, hier besonders S. 541, Nr. 6. Dem Urkundentext wurde die Überschrift* Privilegium sive concessio conservatorii super bonis, rebus et causis universitatis et scholarium per Alexandrum quintum pontificem *vorangestellt, während eine Randnotiz wie folgt lautet:* Originale est in fisco in scrinio authenticorum num. I. — *In der Handschrift Rektor B 106 des Leipziger Universitätsarchivs, einer Abschrift des Copiale magnum, ist die Urkunde Alexanders V. auf fol. 22v–25v eingetragen worden.*

Alexander episcopus servus servorum dei. Venerabili fratri . . episcopo Merseburgensi et dilectis filiis . . Merseburgensis ac . . Nuemburgensis ecclesiarum decanis salutem et apostolicam benedictionem. Dum attente | considerationis indagine perscrutamur, quod per litterarum studia cooperante illo, a quo omnium carismatum dona manant, viri efficiuntur scientiis eruditi, per quam equum ab iniquo discernitur[16], erudiuntur rudes, provecti ad altiora | concrescunt et fides catholica roboratur, libenter non solum loca, ubi huiusmodi pollent studia, sed etiam studentes in eis specialis defensionis munimine ac gratiis et libertatibus honoramus. Sane pro parte dilectorum filiorum uni|versorum doctorum, magistrorum et scolarium studii opidi Lipzcensis Merseburgensis diocesis nuper per nos erecti conquestione percepimus, quod nonnulli archiepiscopi, episcopi necnon alii ecclesiarum prelati et clerici ac ecclesiastice persone tam religiose | quam seculares necnon duces, marchiones, comites, barones, nobiles, milites et laici, communia, civitates[a] universitates opidorum, castrorum, villarum et aliorum locorum et alie singulares persone civitatum et diocesum et | aliarum partium diversarum occuparunt et occupari fecerunt castra, villas et alia loca, terras, domos, possessiones, iura et iurisdictiones necnon fructus, census, redditus et proventus universitatis dicti studii et nonnulla alia bona mobi|lia et immobilia, spiritualia et temporalia ad doctores, magistros et scolares predictos spectantia et ea detinent indebite occupata seu ea detinentibus prestant auxilium, consilium vel favorem, nonnulli etiam civitatum, diocesum et partium predictarum, | qui nomen domini in vacuum recipere[17] non formidant, eisdem doctoribus, magistris et scolaribus super predictis castris, villis et locis aliis, terris, domibus, possessionibus, iuribus et iurisdictionibus, fructibus, censibus, redditibus et proventi|bus eorundem et quibuscunque aliis bonis mobilibus et immobilibus, spiritualibus et temporalibus et aliis rebus ad eosdem doctores, magistros et scolares spectantibus multiplices molestias et iniurias inferunt et iacturas, quare dicti docto|res, magistri et scolares nobis humiliter supplicarunt, [ut][b], cum eisdem reddatur valde difficile pro singulis querelis ad sedem apostolicam habere recursum, providere ipsis super hoc paterna diligentia curaremus. Nos igitur adversus occupatores, | detentores,

---

a)  *sic ACD (die Varianten von C und D sind im folgenden nur ausnahmsweise berücksichtigt worden); im Formular (siehe oben) und der Register- sowie Empfängerüberlieferung des Konservatoriums* Militanti ecclesie licet *(saec. XIV–XV) lautet die betreffende Stelle gewöhnlich* communia civitatum – *vgl. z. B. Boehme, UB Kloster Pforte I, S. 452 f., Nr. 486; CD Moraviae XI, S. 57–59, Nr. 67; CD Silesiae, Bd. 1, S. 57–59, Nr. LVII; Hoogeweg, UB Hochstift Hildesheim V, S. 575–577, Nr. 925; Lenzenweger, Acta II, Formulare, S. 26–28, Nr. 16; ders., Acta III, Formulare, S. 21 f., Nr. 16; MVB I, S. 54 f., Nr. 92; Schöttgen/Kreysig, Dipl. II, S. 273 f., Nr. CCXXVIII und Wartmann, UB Abtei Sanct Gallen IV, S. 1139–1141, Nr. 330.*
b)  *Fehlt ACD; ergänzt nach F und den oben in Anm. a angeführten Drucken.*
16)  *Vgl. Dig. 1, 1, 1, 1 (Corpus iuris civilis I [Dig.], S. 1).*
17)  *Vgl. Exod. 20, 7 (siehe dazu Herde, Audientia II, S. 416, Anm. 2); 2. Cor. 6, 1.*

presumptores, molestatores et iniuriatores huiusmodi illo[c] volentes eisdem doctoribus, magistris et scolaribus[d] remedio subvenire, per quod ipsorum compescatur temeritas et aliis aditus committendi similia precludatur, discretioni vestre per | apostolica scripta mandamus, quatinus vos vel duo aut unus vestrum per vos vel alium seu alios, etiam si sint extra loca, in quibus estis deputati conservatores et iudices, prefatis doctoribus, magistris et scolaribus, qui sunt, et illis etiam, qui erunt | pro tempore ibidem, efficacis defensionis presidio assistentes, non permittentes[e] eosdem super hiis et quibuslibet aliis bonis et iuribus ad[f] doctores, magistros et scolares predictos spectantibus ab eisdem vel quibusvis aliis indebite molestari vel eis grava|mina seu damna vel iniurias irrogari, facturi dictis doctoribus, magistris et scolaribus, cum ab eis vel procuratoribus suis aut eorum aliquo fueritis requisiti, de predictis et aliis personis quibuslibet super restitutione huiusmodi castrorum, villarum, | terrarum et aliorum locorum, iurisdictionum, iurium et bonorum mobilium et immobilium, reddituum quoque ac proventuum et aliorum quorumcunque bonorum necnon de quibuslibet molestiis, iniuriis atque damnis presentibus et futuris, in illis vide|licet, que iudicialem requirunt indaginem, summarie, de plano, sine strepitu et figura iudicii,[18] in aliis vero, prout qualitas ipsorum exegerit, iustitie complementum, occupatores seu detentores, presumptores, molestatores et iniuriatores huiusmodi | necnon contradictores quoslibet et rebelles, cuiuscunque dignitatis, status, ordinis vel conditionis extiterint, quandocunque et quotienscunque expedierit, auctoritate nostra per censuram ecclesiasticam appellatione postposita compescendo, invocato ad | hoc, si opus fuerit, auxilio brachii secularis, non obstantibus tam felicis recordationis Bonifacii pape VIII predecessoris nostri, in quibus cavetur, ne aliquis extra suam civitatem et diocesim nisi in certis exceptis casibus et in illis ultra unam | dietam a fine sue diocesis ad iudicium evocetur, seu ne iudices et conservatores a sede deputati predicta extra civitatem et diocesim, in quibus deputati fuerint, contra quoscunque procedere sive alii vel aliis vices suas committere aut aliquos ultra | unam dietam a fine diocesis eorundem trahere presumant[g], dummodo ultra duas dietas aliquis auctoritate presentium non trahatur, seu quod de aliis quam de manifestis iniuriis et molestiis, que iudicialem requirunt indaginem, penis in eos | si secus egerint et in id procurantes adiectis conservatores se nullatenus intromittant,[19]

---

c)   illo *mit anderer Tinte unterstrichen A.*

d)   *Rasur innerhalb der Schlinge des* | *A.*

e)   *sic ACD; in F und den oben in Anm. a verzeichneten Editionen lautet die betreffende Stelle* assistentes non permit-
tatis.

f)   ac *A,* ad *CD.*

g)   presumat *A,* presumant *CD.*

18)  *Vgl. Dekrete der ökumenischen Konzilien, Bd. 2, S. 363; Clem. 2, 1, 2 (Friedberg, Corpus iuris canonici II, Sp. 1143)
und Clem. 5, 11, 2 (ebd., Sp. 1200).*

quam aliis quibuscunque constitutionibus a predecessoribus nostris Romanis pontificibus tam de iudicibus delegatis et conservatoribus quam personis ultra | certum numerum ad iudicium non vocandis aut aliis editis, que vestre possint in hac parte iurisdictioni aut potestati eiusque libero exercitio quomodolibet obviare, seu si aliquibus communiter vel divisim a predicta sit sede indultum, quod excom|municari, suspendi vel interdici seu extra vel ultra certa loca ad iudicium evocari non possint per litteras apostolicas non facientes plenam et expressam ac de verbo ad verbum de indulto huiusmodi et eorum personis, locis, ordinibus et nomini|bus propriis mentionem, et qualibet alia indulgentia dicte sedis generali vel speciali, cuiuscunque tenoris existat, per quam presentibus non expressam vel totaliter non insertam vestre iurisdictionis explicatio in hac parte valeat quomodolibet impediri | et de qua cuiusque toto tenore de verbo ad verbum in nostris litteris habenda sit mentio specialis. Ceterum volumus et apostolica auctoritate decernimus, quod quilibet vestrum prosequi valeat articulum etiam per alium inchoatum, quamvis idem | inchoans nullo fuerit impedimento canonico prepeditus, quodque a dato[h] presentium sit vobis et unicuique vestrum in premissis omnibus et eorum singulis, ceptis et non ceptis, presentibus vel futuris perpetuata potestas et iurisdictio attributa, ut eo vi|gore eaque firmitate possitis in premissis omnibus, ceptis et non ceptis, presentibus et futuris et pro predictis procedere, ac si predicta omnia et singula coram vobis cepta fuissent et iurisdictio vestra et cuiuslibet vestrum in predictis omnibus | et singulis per citationem vel modum alium perpetuata legitimum extitisset, constitutione predicta super conservatoribus et alia qualibet in contrarium edita non obstante. Dat. Pistorii XIIII kal. ianuar. | pontificatus nostri anno primo.

(B.)

---

h)  o *wohl von zweiter Hand mit anderer Tinte nachgetragen, über* dato *ein nicht getilgtes Kürzungszeichen A.*

19)  *Vgl. VI 1, 3, 11 (Friedberg, Corpus iuris canonici II, Sp. 941 f.) und VI 1, 14, 15 (ebd., Sp. 982 f.).*

# Übersetzung

Alexander, Bischof, Knecht der Knechte Gottes.

Dem ehrwürdigen Bruder, dem Merseburger Bischof, und den lieben Söhnen, den Dekanen der Merseburger und der Naumburger Kirche, Gruß und apostolischen Segen.

Da wir mit Aufmerksamkeit beobachten, daß durch wissenschaftliche Betätigung und mit Hilfe desjenigen, von dem alle Gnadengaben kommen, Männer hervorgebracht werden, welche umfassende wissenschaftliche Kenntnisse besitzen, durch die das Gerechte vom Ungerechten getrennt wird, die Unwissenden unterwiesen werden, die Fortgeschrittenen zunehmen und der katholische Glaube gestärkt wird, ehren wir nicht nur gern die Orte, an denen vortreffliche Universitäten bestehen, mit einem besonderen Verteidigungsschutz, mit Gnadenerweisen und Freiheiten, sondern ebenso diejenigen, die dort studieren.

Durch die Klage von Seiten der lieben Söhne, [und zwar] aller Doktoren, Magister und Studenten der Universität der Stadt Leipzig in der Merseburger Diözese, die von uns vor kurzem begründet worden ist, haben wir freilich erfahren, daß einige Erzbischöfe, Bischöfe und auch andere kirchliche Prälaten und Kleriker und kirchliche Personen sowohl aus der Ordens- als auch aus der Weltgeistlichkeit, desgleichen Herzöge, Markgrafen, Grafen, Barone, Nobiles, Milites und [andere] Laien, Gemeinden, Städte, die Einwohnerschaft von städtischen Siedlungen, Burgen, Dörfern und anderen Orten und weitere Einzelpersonen aus Städten, Diözesen und verschiedenen anderen Gebieten sich Burgen, Dörfer und andere Orte, Ländereien, Häuser [und weiteren] Besitz, Rechte und Jurisdiktionen, außerdem Erträge, Zins und Einkünfte der genannten Universität und einige andere Güter, bewegliche und unbewegliche, Spiritualia und Temporalia, die den oben erwähnten Doktoren, Magistern und Studenten zustehen, angeeignet haben bzw. deren Aneignung veranlaßt haben und [ihnen] diese ungerechtfertigt vorenthalten oder denen, die [ihnen] diese vorenthalten, Beistand, Rat oder sonstige Förderung gewähren, [und daß] auch einige [Personen] aus genannten Städten, Diözesen und Gebieten, welche sich nicht scheuen, den Namen des Herrn vergeblich zu empfangen, denselben Doktoren, Magistern und Studenten in bezug auf die schon erwähnten Burgen, Dörfer und anderen Orte, in bezug auf Ländereien, Häuser, Besitztümer, Rechte und Jurisdiktionen, Erträge, Zins und Einkünfte derselben und in bezug auf alle anderen Güter, bewegliche und unbewegliche, Spiritualia und Temporalia, und weitere Dinge, die denselben Doktoren, Magistern und Studenten zustehen, zahlreiche Unannehmlichkeiten, Unrecht und Verluste zufügen, weshalb uns die genannten Doktoren, Magister und Studenten demütig gebeten haben, daß wir uns, weil es für sie sehr schwer wird, wegen jeder Beschwerde beim apostolischen Stuhl einzeln Klage zu erheben, mit väterlicher Umsicht darum kümmern sollten, für sie in bezug auf diese Dinge Sorge zu tragen.

Da wir nun jenen Doktoren, Magistern und Studenten den Beistand gegen diejenigen, die sich der genannten Vergehen schuldig gemacht haben, gewähren wollen, wodurch dem Treiben dieser [Personen] ein Ende bereitet und anderen die Gelegenheit, ähnliches zu begehen, versperrt werden soll, befehlen wir Euch durch das apostolische Schreiben, daß Ihr oder zwei oder einer von Euch [entweder] persönlich oder durch eine andere bzw. mehrere andere [Personen], auch wenn diese nicht der Stadt oder Diözese angehören, in der ihr zu Konservatoren und Richtern bestellt worden seid, den erwähnten Doktoren, Magistern und Studenten, die sich daselbst befinden, und auch jenen, die sich [künftig] dort befinden werden, mit einem wirksamen Verteidigungsschutz beisteht und es nicht zulaßt, daß die erwähnten Doktoren, Magister und Studenten in bezug auf diese und alle anderen Güter und Rechte, die ihnen zustehen, von denselben oder beliebigen anderen [Personen] ungerechtfertigt belästigt werden oder daß ihnen Bedrückungen, Schäden oder Unrecht zugefügt werden, indem Ihr für die genannten Doktoren, Magister und Studenten, wenn sie oder ihre Prokuratoren oder irgendeiner von ihnen an Euch herangetreten ist, hinsichtlich der oben erwähnten und beliebiger anderer Personen wegen der Restitution dieser Burgen, Dörfer, Ländereien und der anderen Orte, der Jurisdiktionen, Rechte und der beweglichen wie unbeweglichen Güter, desgleichen wegen der Restitution der Einkünfte und aller anderen Güter und ebenso im Hinblick auf die Belästigungen, Rechtsverletzungen und Schäden jedweder Art, ob gegenwärtig oder in Zukunft, den Vollzug der Gerechtigkeit herbeiführen werdet, und zwar in jenen [Fällen], die eine gerichtliche Untersuchung erfordern, summarisch, zügig, ohne viel Aufhebens und unter Verzicht auf Prozeßformalitäten, in anderen [Fällen] aber, so wie es deren Beschaffenheit verlangt, wobei diejenigen, die sich der oben genannten Vergehen schuldig gemacht haben, und auch alle, die sich widersetzen und aufbegehren, welchen Ranges, Standes oder welcher Stellung sie auch immer sein mögen [und] wann auch immer und sooft es angemessen ist, kraft unserer Autorität durch kirchliche Strafmittel unter Ausschluß der Appellation in die Schranken zu weisen sind, wozu die Hilfe des weltlichen Armes, wenn nötig, angerufen werden kann.

[Die Bestimmungen der vorliegenden Urkunde sollen] ungeachtet [der Konstitutionen] sowohl Papst Bonifaz' VIII. [1294–1303] seligen Andenkens, unseres Vorgängers, [gelten], in denen festgelegt wird, daß niemand außerhalb seiner Stadt oder Diözese vor Gericht geladen werden darf, außer in bestimmten Fällen, und auch dann darf niemand weiter als eine Tagesreise von der Grenze seiner Diözese [entfernt] vor Gericht gezogen werden, und daß vom schon erwähnten [apostolischen] Stuhl ernannte Richter und Konservatoren es nicht wagen dürfen, gegen irgend jemand außerhalb der Stadt oder Diözese, in der sie [als

Richter und Konservatoren] bestellt sind, vorzugehen oder ihren Auftrag einer anderen [Person] bzw. mehreren anderen zu übergeben oder irgend jemand weiter als eine Tagesreise von der Grenze seiner Diözese [entfernt vor Gericht] zu ziehen, sofern niemand kraft der Autorität des vorliegenden Schreibens weiter als zwei Tagesreisen [von der Grenze seiner Diözese entfernt vor Gericht] gezogen wird, und daß sich die Konservatoren – bei Strafe für jene, die zuwiderhandeln oder die Zuwiderhandlungen veranlassen – nicht mit anderen [Fällen] als offenkundigen Rechtsverletzungen und Belästigungen [und nicht mit Vergehen], die eine gerichtliche Untersuchung erfordern, befassen dürfen, als auch [ungeachtet] aller anderen Konstitutionen, die von unseren Vorgängern, den römischen Päpsten, sowohl über die delegierten Richter und Konservatoren als auch über die Anzahl der vor Gericht zu ladenden Personen, welche eine bestimmte Grenze nicht überschreiten darf, erlassen worden sind, und [ungeachtet] anderer [Konstitutionen], die Eurer Jurisdiktionsgewalt und deren freier Ausübung wie auch immer im Wege stehen können, und [ungeachtet dessen], ob irgendwelchen [Personen] – gemeinsam oder einzeln – vom bereits erwähnten [apostolischen] Stuhl bewilligt worden ist, daß sie nicht exkommuniziert, suspendiert oder mit dem Interdikt belegt oder außerhalb bestimmter Orte vor Gericht geladen werden dürfen durch päpstliche Urkunden, welche dieses Indult und die darin genannten Personen, Orte, Orden und Eigennamen nicht vollständig, ausdrücklich und wortwörtlich anführen, und auch [ungeachtet] jeder beliebigen anderen allgemeinen oder besonderen Vergünstigung des genannten [apostolischen] Stuhls, welchen Inhalt auch immer sie besitzt, die in unseren Urkunden wortwörtlich und in vollem Umfang eigens angeführt werden muß und durch die – da sie im vorliegenden Schreiben weder erwähnt noch vollständig eingerückt ist – die Ausübung Eurer Jurisdiktion wie auch immer behindert werden kann.

Im übrigen wollen und bestimmen wir mit apostolischer Autorität, daß jeder von Euch auch ein Verfahren, das von einem anderen eröffnet wurde, fortsetzen kann, selbst wenn keine kanonischen Hindernisse denjenigen, der das Verfahren eingeleitet hat, davon abgehalten haben, es zu Ende zu führen, und daß vom Datum des vorliegenden Schreibens an Euch und jedem von Euch in allen diesbezüglichen Fällen, begonnenen wie nicht begonnenen, gegenwärtigen wie künftigen, die Jurisdiktionsgewalt dauerhaft verliehen sei, so daß Ihr mit der Kraft und Festigkeit in all diesen Fällen, den begonnenen und den nicht begonnenen, den gegenwärtigen und den künftigen, vorgehen könnt, wie wenn alle diesbezüglichen Verfahren vor Euch begonnen hätten und Eure Jurisdiktion und die Jurisdiktion eines jeden einzelnen von Euch in all diesen Verfahren durch Ladung oder auf andere rechtmäßige Weise dauerhaften Bestand gehabt hätten, ungeachtet der erwähnten Konstitution über die Konservatoren und jedweder anderen, im Widerspruch dazu erlassenen Verordnung.

Gegeben in Pistoja an den 14. Kalenden des Januar im ersten Jahr unseres Pontifikats.

*Abb. 34a–b: Bleibulle
Papst Alexanders V. am
Konservatorium vom
19. Dezember 1409.
Leipzig, Universitätsarchiv,
Urkunden, 1409-12-19.*

# Abkürzungen und Zeichen

| | | | |
|---|---|---|---|
| Abb. | Abbildung | Lic. decr. | Licentiatus decretorum (Kirchenrecht) |
| Abt. | Abteilung | Lic. iur. can. | Licenciatus iuris canonici (Kirchenrecht) |
| Anm. | Anmerkung | Lic. theol. | Licenciatus theologie |
| B. | bulla (Bleibulle) | Lips. | Lipsiensis |
| Bacc. | Baccalarius artium (wenn ohne weiteren Zusatz) | Mag. art. | Magister artium |
| | | ML | Magisterliste von 1409 (in der Matrikel der Artistenfakultät) |
| Bacc. decr. | Baccalarius decretorum (Kirchenrecht) | Ms. | Manuskript |
| Bacc. iur. | Baccalarius iuris (Zivilrecht) | ND | Nachdruck |
| Bacc. theol. | Baccalarius theologie | Nr. | Nummer |
| Bacc. utr. iur. | Baccalarius utriusque iuris (Kirchen- und Zivilrecht) | OU. | Originalurkunde |
| | | PL | Präsentationsliste der Magister von 1409 (in der Rektoratsmatrikel) |
| B. D. | bulla deperdita (Bleibulle verloren) | | |
| Bd. | Band | PU | Papsturkunden |
| Bearb., bearb. | Bearbeiter, bearbeitet | r | recto |
| bzw. | beziehungsweise | Reg. Lat. | Registra Lateranensia |
| ca. | circa | S. | Seite |
| Clem. | Clementinae | saec. | saeculum |
| cm | Zentimeter | Sp. | Spalte |
| ders. | derselbe | SS | Sommersemester |
| d. h. | das heißt | St. | Sankt |
| dies. | dieselbe | s. v. | sub voce |
| Dig. | Digesta | T. | Teil |
| Diss. (masch.) | Dissertation (maschinenschriftlich) | u. a. | und andere(n/s), unter anderem |
| Dr. decr. | Doctor decretorum (Kirchenrecht) | UB | Urkundenbuch |
| Dr. iur. utr. | Doctor iuris utriusque (Kirchen- und Zivilrecht) | u. ö. | und öfter |
| | | usw. | und so weiter |
| Dr. med. | Doctor medicine | v | verso |
| Dr. theol. | Doctor theologie | vgl. | vergleiche |
| ebd. | ebenda | VI | Liber sextus |
| ed. | edidit, ediderunt | vol. | volume(n) |
| etc. | et cetera | WS | Wintersemester |
| f. | und folgende | z. B. | zum Beispiel |
| fasc. | fasciculus | z. T. | zum Teil |
| fol. | folium | † | gestorben |
| gest. | gestorben | | |
| ggf. | gegebenenfalls | | |
| H. | Heft | | Abkürzungen der biblischen Bücher |
| Hg./Hgg. | Herausgeber | 2. Cor. | Ad Corinthios epistula II |
| hl. | heilig | Exod. | Exodus |
| hrsg. | herausgegeben | Gen. | Genesis |
| Lic. (art.) | Licentiatus artium (wenn ohne weiteren Zusatz) | Isai. | Isaias |
| | | 1. Thess. | Ad Thessalonicenses epistula I |

# Quellen- und Literaturverzeichnis

Abe, Horst Rudolf: Gerhard Hohenkirchen, ein Erfurter Universitätsmediziner des 15. Jahrhunderts, in: Beiträge zur Geschichte der Universität Erfurt 7 (1960), S. 19–29.

Attempto – oder wie stiftet man eine Universität? Die Universitätsgründungen der sogenannten zweiten Gründungswelle im Vergleich, hrsg. von Sönke Lorenz (Contubernium, Bd. 50), Stuttgart 1999.

Auctarium chartularii Universitatis Parisiensis, ed. Henricus Denifle/Aemilius Chatelain, 1: Liber procuratorum nationis Anglicanae (Alemanniae) in Universitate Parisiensi, vol. 2: Ab anno MCCCCVI usque ad annum MCCCCLXVI, Paris 1897.

Barbiche I–III = Barbiche, Bernard: Les actes pontificaux originaux des Archives nationales de Paris, Bd. I: 1198–1261, Bd. II: 1261–1304, Bd. III: 1305–1415 (Index actorum Romanorum pontificum ab Innocentio III ad Martinum V electum, Bd. I–III), Città del Vaticano 1975/82.

Baumgarten, Paul Maria: Von der apostolischen Kanzlei. Untersuchungen über die päpstlichen Tabellionen und die Vizekanzler der Heiligen Römischen Kirche im XIII., XIV. u[nd] XV. Jahrhundert (Görres-Gesellschaft zur Pflege der Wissenschaft im katholischen Deutschland, Sektion für Rechts- und Sozialwissenschaft, H. 4), Köln 1908.

Becker, Richard: Johann Hoffmann, der nachmalige Bischof Johann IV. von Meißen. Seine Wirksamkeit an den Universitäten Prag und Leipzig, Phil. Diss. Leipzig, Großenhain 1891.

Beier, K./Dobritzsch, A. (Hgg.): Tausend Jahre deutscher Vergangenheit in Quellen heimatlicher Geschichte, insbesondere Leipzigs und des Leipziger Kreises …, Bd. 1, Leipzig 1911.

Bicherl, Renate: Die Magister der Artistenfakultät der Hohen Schule zu Prag und ihre Schriften im Zeitraum von 1348 bis 1409, Med. Diss. Erlangen-Nürnberg 1971.

Binding, Karl: Die Feier des fünfhundertjährigen Bestehens der Universität Leipzig. Amtlicher Bericht, Leipzig 1910.

Blaschka, Anton: Von Prag bis Leipzig. Zum Wandel des Städtelobs – anläßlich der 550-Jahr-Feier der Karl-Marx-Universität Leipzig, in: Wissenschaftliche Zeitschrift der Martin-Luther-Universität Halle-Wittenberg. Gesellschafts- und sprachwissenschaftliche Reihe 8/6 (1959), S. 1003–1007.

Blaschke, Karlheinz: Geschichte Sachsens im Mittelalter, Berlin 1990.

Blecher, Jens: Richard Georg Erler 1850–1913, in: Sächsische Lebensbilder, Bd. 4, hrsg. von Reiner Groß und Gerald Wiemers (Quellen und Forschungen zur sächsischen Geschichte, Bd. 17), Leipzig 1999, S. 75–95.

Blecher, Jens/Wiemers, Gerald: Die Universität Leipzig 1409–1943, Erfurt 2004.

Boehm, Laetitia: Cancellarius Universitatis. Die Universität zwischen Korporation und Staatsanstalt, in: Jahreschronik 1964/65, hrsg. von der Ludwig-Maximilians-Universität München, München 1966, S. 186–204; wiederabgedruckt in: Dies., Geschichtsdenken, Bildungsgeschichte, Wissenschaftsorganisation, S. 695–713.

Boehm, Laetitia: Geschichtsdenken, Bildungsgeschichte, Wissenschaftsorganisation. Ausgewählte Aufsätze anläßlich ihres 65. Geburtstages, hrsg. von Gert Melville, Rainer A. Müller und Winfried Müller (Historische Forschungen, Bd. 56), Berlin 1996.

Boehme, Paul (Bearb.): Urkundenbuch des Klosters Pforte, T. I (1132–1350) (Geschichtsquellen der Provinz Sachsen und angrenzender Gebiete, Bd. 33), Halle 1893–1904.

Bonjour, Edgar: Die Universität Basel von den Anfängen bis zur Gegenwart 1460–1960, Basel 1960.

Boockmann, Hartmut: Wissen und Widerstand. Geschichte der deutschen Universität, Berlin 1999.

Borgolte, Michael: Sozialgeschichte des Mittelalters. Eine Forschungsbilanz nach der deutschen Einheit (Historische Zeitschrift, Beiheft 22), München 1996.

Borst, Arno: Krise und Reform der Universität im späten Mittelalter (Erstdruck 1971); wiederabgedruckt in: Ders.,

Barbaren, Ketzer und Artisten. Welten des Mittelalters, München u. a. 1988, S. 377–393 und S. 630–631

Boyle, Leonard E.: A survey of the Vatican archives and of its medieval holdings (Subsidia mediaevalia 1), Toronto 1972.

Boysen, Karl: Das älteste Statutenbuch des kleinen Fürstenkollegs der Universität Leipzig, in: Beiträge zur Geschichte der Universität Leipzig im fünfzehnten Jahrhundert. Zur Feier des 500jährigen Jubiläums der Universität, Leipzig 1909, S. 9–63.

Brandt, Hans-Jürgen: Excepta facultate theologica. Zum Ringen um die Einheit von „imperium" und „studium" im Spätmittelalter, in: Reformatio Ecclesiae. Beiträge zu kirchlichen Reformbemühungen von der Alten Kirche bis zur Neuzeit. Festgabe für Erwin Iserloh, hrsg. von Remigius Bäumer, Paderborn u. a. 1980, S. 201–214.

Bresslau, Harry: Handbuch der Urkundenlehre für Deutschland und Italien, Bd. I/II (Bd. II, Abt. 2: hrsg. von Hans-Walter Klewitz), Leipzig/Berlin ²1912/31; Register, zusammengestellt von Hans Schulze, Berlin 1960.

Brieger, Theodor: Die theologischen Promotionen auf der Universität Leipzig 1428–1539, Leipzig 1890.

Bruchmüller, Wilhelm: Der Leipziger Student 1409–1909 (Aus Natur und Geisteswelt, Bd. 273), Leipzig 1909.

Buchwald, Georg: Eine juristische Doktorpromotion in der Thomaskirche zu Leipzig am 18. Januar 1480, in: Wissenschaftliche Beilage der Leipziger Zeitung, 22. August 1914, S. 134–135

Buchwald, Georg: Die Leipziger Universitätspredigt in den ersten Jahrzehnten des Bestehens der Universität, in: Zeitschrift für Kirchengeschichte 36 (1916), S. 62–98.

Buchwald, Georg: Leipziger Universitätspredigten zu Ehren Friedrichs des Streitbaren und seiner Familie (1420–1428), in: Neues Archiv für sächsische Geschichte 35 (1914), S. 25–38.

Buchwald, Georg/Herrle, Theo (Hgg.): Redeakte bei der Erwerbung der akademischen Grade an der Universität Leipzig im 15. Jahrhundert. Aus Handschriften der Leipziger Universitätsbibliothek (Sächsische Akademie der Wissenschaften. Abhandlungen der Philologisch-historischen Klasse, Bd. 36, 5), Leipzig 1921.

Bünz, Enno: Die Gründung der Universität Leipzig 1409, in: Erleuchtung der Welt, T. 1, S. 24–35.

Bünz, Enno: Gründung und Entfaltung: Die spätmittelalterliche Universität (1409–1539), in: Geschichte der Universität Leipzig, Bd. 1, S. 17–325.

Bünz, Enno: Kloster Altzelle und das Bernhardskolleg in Leipzig, in: Tom Graber/Martina Schattkowsky (Hgg.), Die Zisterzienser und ihre Bibliotheken. Buchbesitz und Schriftgebrauch des Klosters Altzelle im europäischen Vergleich (Schriften zur sächsischen Geschichte und Volkskunde, Bd. 28), Leipzig 2008, S. 247–288.

Bünz, Enno: Ein Leipziger Professor tritt ans Licht. Das unbekannte Porträt des Juristen Albert Varrentrapp von 1426, in: Neues Archiv für sächsische Geschichte 80 (2009), S. 237–248.

Bünz, Enno: Die Leipziger Universitätsgründung – eine Folge des Kuttenberger Dekrets, in: Universitäten, Landesherren und Landeskirchen: Das Kuttenberger Dekret im Kontext der Epoche von der Gründung der Karlsuniversität 1348 bis zum Augsburger Religionsfrieden 1555, hrsg. von Petr Svobodny, Jiři Pešek und Blanka Zilynská (Historia Universitatis Carolinae Pragensis = Acta Universitatis Carolinae, im Druck).

Bünz, Enno: Die mitteldeutsche Bildungslandschaft am Ausgang des Mittelalters, in: Die sächsischen Fürsten- und Landesschulen. Interaktion von lutherisch-humanistischem Erziehungsideal und Eliten-Bildung, hrsg. von Jonas Flöter und Günther Wartenberg (Schriften zur sächsischen Geschichte und Volkskunde, Bd. 9), Leipzig 2004, S. 39–71.

Bünz, Enno: Schulen im Umfeld der spätmittelalterlichen Universität Leipzig, in: Erleuchtung der Welt, T. 1, S. 16–23.

Bünz, Enno: Die Universität Leipzig im alteuropäischen Kontext. Gründung 1409 – Tradition und Innovation, in: Wissen und Geist. Universitätskulturen. Symposium anlässlich des 600-jährigen Jubiläums der Universität Leipzig, 11.–13. Mai 2009, Alte Börse, Leipzig, hrsg. von Manfred Rudersdorf, Wolfgang Höpken und Martin Schlegel, Leipzig 2009, S. 43–60.

Bünz, Enno: Die Universität Leipzig um 1500, in: Der Humanismus an der Universität Leipzig. Akten des in Zusammenarbeit mit dem Lehrstuhl für Sächsische Landesgeschichte an der Universität Leipzig, der Universitätsbibliothek Leipzig und dem Leipziger Geschichtsverein am 9./10. November 2007 in Leipzig veranstalteten Symposiums, hrsg. von Enno Bünz und Franz Fuchs (Pirckheimer-Jahrbuch für Renaissance- und Humanismusforschung 23, 2008), Wiesbaden 2009, S. 9–39.

Bünz, Enno/Lang, Thomas: Die Männer der ersten Stunde: Leipziger Magister und Studenten 1409, in: Jubiläen 2009. Personen – Ereignisse, hrsg. vom Rektor der Universität Leipzig, Leipzig 2009, S. 77–86.

Burger, Helene: Beiträge zur Geschichte der äußeren Merkmale der Papsturkunden im späteren Mittelalter. Mit 3 Tafeln in Lichtdruck, in: Archiv für Urkundenforschung 12 (1932), S. 206–243.

Butte, Heinrich: Geschichte Dresdens bis zur Reformationszeit. Aus dem Nachlaß hrsg. von Herbert Wolf (Mitteldeutsche Forschungen, Bd. 54), Köln/Wien 1967.

Catalogus Professorum Lipsiensis. Konzeption, technische Umsetzung und Anwendungen für Professorenkataloge im Semantic Web, hrsg. von Ulf Morgenstern und Thomas Riechert (Leipziger Beiträge zur Infomatik, Bd. XXI), Leipzig 2010.

CD Moraviae XI = Codex diplomaticus et epistolaris Moraviae. Urkunden-Sammlung zur Geschichte Mährens, hrsg. von Vincenz Brandl, Bd. XI: Vom 13. November 1375 bis 1390, Brünn 1885.

CDS I/B, Bd. 3 = Codex diplomaticus Saxoniae regiae, I. Hauptteil, Abt. B, Bd. 3: Urkunden der Markgrafen von Meißen und Landgrafen von Thüringen 1407–1418, hrsg. von Hubert Ermisch, Leipzig 1909.

CDS II = Codex diplomaticus Saxoniae regiae, II. Hauptteil:
–   Bd. 11: Urkundenbuch der Universität Leipzig von 1409 bis 1555, hrsg. von Bruno Stübel, Leipzig 1879.
–   Bd. 16–18: Die Matrikel der Universität Leipzig, Bd. 1: Die Immatrikulationen von 1409–1559, Bd. 2: Die Promo-

tionen von 1409–1559, Bd. 3: Register, hrsg. von Georg Erler, Leipzig 1895–1902.

CDS III, Bd. 1 = Codex diplomaticus Saxoniae, III. Hauptteil, Bd. 1: Die Papsturkunden des Hauptstaatsarchivs Dresden, Bd. I: Originale Überlieferung, T. 1: 1104–1303, bearb. von Tom Graber, Hannover 2009.

CD Silesiae, Bd. 1 = Urkunden des Klosters Czarnowanz, hrsg. von W[ilhelm] Wattenbach (Codex diplomaticus Silesiae, Bd. 1), Breslau 1857.

Corpus iuris civilis. Editio stereotypa quinta, Bd. I: Institutiones, hrsg. von Paul Krüger – Digesta, hrsg. von Theodor Mommsen, Berlin 1889.

Cottin, Markus: Die Leipziger Universitätskanonikate an den Domkapiteln von Meißen, Merseburg und Naumburg sowie am Kollegiatstift Zeitz im Mittelalter (1413–1542). Rechtliche, wirtschaftliche und prosopographische Aspekte, in: Universitätsgeschichte als Landesgeschichte, S. 279–312.

Dějiny Univerzity Karlovy 1348–1990. Publikaci vydala Univerzita Karlova k 650. výročí svého založení, ed. František Kavka u. a., T. 1: 1347/48–1622, T. 2: 1622–1802, Prag 1995–1996.

Dekrete der ökumenischen Konzilien, besorgt von Giuseppe Alberigo u. a. in Zusammenarbeit mit Hubert Jedin, 3. Auflage 1973, Bd. 2: Konzilien des Mittelalters. Vom ersten Laterankonzil (1123) bis zum fünften Laterankonzil (1512–1517), … ins Deutsche übertragen und hrsg. unter Mitarbeit von Gabriel Sunnus und Johannes Uphus von Josef Wohlmuth, Paderborn u. a. 2000.

Diekamp, Wilhelm: Zum päpstlichen Urkundenwesen von Alexander IV. bis Johann XXII. (1254–1334), in: Mittheilungen des Instituts für Oesterreichische Geschichtsforschung 4 (1883), S. 497–540.

Diener, Hermann: Kanzleiregister der Päpste Bonifaz IX., Innocenz VII., Gregor XII., Alexander V. und Johannes XXIII. (1389–1415). Verluste und Bestand, in: Römische Kurie. Kirchliche Finanzen. Vatikanisches Archiv. Studien zu Ehren von Hermann Hoberg, hrsg. von Erwin Gatz, T. 1 (Miscellanea Historiae Pontificiae 45), Rom 1979, S. 107–133.

Documenta Mag. Joannis Hus vitam, doctrinam, causam in Constantiensi concilio actam et controversias de religione in Bohemia annis 1403–1418 motas illustrantia, ed. Franz Palacky, Prag 1869.

Dokumente zur deutschen Geschichte aus dem Sächsischen Landeshauptarchiv Dresden, zusammengestellt und hrsg. von Hellmut Kretzschmar unter Mitarbeit von Gerhard Schmidt (Schriftenreihe des Sächsischen Landeshauptarchivs Dresden, Nr. 4), Berlin 1957.

Donath, Matthias (Hg.): Die Grabmonumente im Dom zu Meißen (Quellen und Materialien zur sächsischen Geschichte und Volkskunde, Bd. 1), Leipzig 2004.

Döring, Detlef: Anfänge der modernen Wissenschaften. Die Universität Leipzig vom Zeitalter der Aufklärung bis zur Universitätsreform 1650–1830/31, in: Geschichte der Universität Leipzig, Bd. 1, S. 517–771.

Döring, Detlef: Die Bestandsentwicklung der Bibliothek der Philosophischen Fakultät der Universität zu Leipzig von ihren Anfängen bis zur Mitte des 16. Jahrhunderts. Ein Beitrag zur Wissenschaftsgeschichte der Leipziger Universität in ihrer vorreformatorischen Zeit (Zentralblatt für Bibliothekswesen, Beiheft 99), Leipzig 1990.

Döring, Detlef: Karls V. angebliches Privileg für die Universität Leipzig – eine Fälschung des 17. Jahrhunderts, in: Naturwissenschaft – Geschichtswissenschaft – Archivwissenschaft. Festgabe für Gerald Wiemers zum 65. Geburtstag, hrsg. von Jens Blecher, Detlef Döring und Manfred Rudersdorf (Veröffentlichung des Universitätsarchivs Leipzig, Bd. 8), Leipzig 2007, S. 71–86.

Döring, Detlef: Unbekannte Quellen zur Geschichte der Leipziger Universität aus dem Bestand der Handschriftenabteilung der Universitätsbibliothek Leipzig, in: Jahrbuch für Regionalgeschichte 15/1 (1988), S. 244–262.

Die drei ältesten Stadtbücher Dresdens (1404–1476), hrsg. von Thomas Kübler und Jörg Oberste, bearb. von Jens Klingner und Robert Mund (Die Stadtbücher Dresdens [1404–1534] und Altendresdens [1412–1528]. Kritische Edition und Kommentar, Bd. 1), Leipzig 2007.

Eichendorff, Joseph von: Werke in sechs Bänden, Bd. 1: Gedichte. Versepen, hrsg. von Hartwig Schultz (Bibliothek deutscher Klassiker, Bd. 21), Frankfurt am Main 1987.

Emminghaus, Gustav (Bearb.): Corpus juris Germanici tam publici quam privati academicum, Jena ²1844.

Erler, Georg: Leipziger Magisterschmäuse im 16., 17. und 18. Jahrhundert, Leipzig 1905.

Erleuchtung der Welt. Sachsen und der Beginn der modernen Wissenschaften [600 Jahre Universität Leipzig. Jubiläumsausstellung im Stadtgeschichtlichen Museum Leipzig …], hrsg. von Detlef Döring u. a., [T. 1:] Essays, [T. 2:] Katalog, Dresden 2009.

Eulenburg, Franz: Die Frequenz der deutschen Universitäten von ihrer Gründung bis zur Gegenwart, Leipzig 1904 (ND Berlin 1994).

Fläschendräger, Werner (Redaktion): Alma mater Lipsiensis. Karl-Marx-Universität Leipzig 1409–1987. Ein Überblick, Leipzig 1987.

Fläschendräger, Werner: „… daß eine Universitätsgeschichte in Zukunft noch herausgegeben werde". Gescheiterte Bemühungen um eine Geschichte der Alma mater Lipsiensis zur 500-Jahr-Feier 1909, in: Leipziger Beiträge zur Universitätsgeschichte 1 (1987), S. 15–30.

Fläschendräger, Werner: Geschichtliche Entwicklung und gesellschaftliche Stellung der Universität Leipzig im Spiegel ihrer Jubiläumsfeiern von 1509 bis 1959. Ein Beitrag zur Geschichte der Karl-Marx-Universität, Phil. Diss. (masch.) Leipzig 1965.

Frenz, Thomas: Das Eindringen humanistischer Schriftformen in die Urkunden und Akten der päpstlichen Kurie im 15. Jahrhundert, T. 1/2, in: Archiv für Diplomatik, Schriftgeschichte, Siegel- und Wappenkunde 19 (1973), S. 287–418 [T. 1]; 20 (1974), S. 384–506 [T. 2].

Frenz, Thomas: Die Kanzlei der Päpste der Hochrenaissance (1471–1527) (Bibliothek des Deutschen Historischen Instituts in Rom, Bd. 63), Tübingen 1986.

Frenz, Thomas: Papsturkunden des Mittelalters und der Neuzeit (Historische Grundwissenschaften in Einzeldarstellungen, Bd. 2), Stuttgart ²2000 (italienische Ausgabe: I documenti pontifici nel medioevo e nell'età moderna. Edizione italiana a cura di Sergio Pagano [Littera Antiqua 6], Città del Vaticano 1989).

Frenz, Thomas: Zum Problem der Reduzierung der Zahl der päpstlichen Kanzleischreiber nach dem Konzil von Konstanz, in: Grundwissenschaften und Geschichte. Festschrift für Peter Acht (Münchener Historische Studien, Abt. Geschichtliche Hilfswissenschaften, Bd. 15), Kallmünz Opf. 1976, S. 256–273.

Friedberg, Emil: Corpus iuris canonici …, T. II: Decretalium collectiones, Leipzig 1881.

Friedberg, Emil: Die Leipziger Juristenfakultät, ihre Doktoren und ihr Heim (Festschrift zur Feier des 500jährigen Bestehens der Universität Leipzig, Bd. 2), Leipzig ²1909.

Friedberg, Emil: Die Universität Leipzig in Vergangenheit und Gegenwart, Leipzig 1898.

Fuchs, Christoph: Dives, Pauper, Nobilis, Magister, Frater, Clericus. Sozialgeschichtliche Untersuchungen über Heidelberger Universitätsbesucher des Spätmittelalters (1386–1450) (Education and Society in the Middle Ages and Renaissance, Bd. 5), Leiden 1995.

Fuchs, Franz: Buchbesitz als Altersvorsorge. Eine Bibliotheksstiftung des Johann von Wünschelburg für die Prädikatur bei St. Martin in Amberg im Jahre 1450, in: Wirtschaft – Gesellschaft – Mentalitäten im Mittelalter. Festschrift zum 75. Geburtstag von Rolf Sprandel, hrsg. von Hans-Peter Baum, Rainer Leng und Joachim Schneider (Beiträge zur Wirtschafts- und Sozialgeschichte, Bd. 107), Stuttgart 2006, S. 683–695.

Gersdorf, E[rnst] G[otthelf]: Beitrag zur Geschichte der Universität Leipzig. Die Rectoren der Universität Leipzig nebst summarischer Übersicht der Inscriptionen vom Jahre der Gründung bis zur Gegenwart. Denkschrift zum 2. Juni 1869, Leipzig 1869.

Gersdorf, Ernst Gotthelf: Die Universität Leipzig im ersten Jahre ihres Bestehens, in: Bericht vom Jahre 1847 an die Mitglieder der Deutschen Gesellschaft zu Erforschung vaterländischer Sprache und Alterthümer in Leipzig, Leipzig 1847, S. 1–61.

Geschichte der Universität in Europa, hrsg. von Walter Rüegg, Bd. 1: Mittelalter, München 1993.

Geschichte der Universität Leipzig 1409–2009, Bd. 1: Spätes Mittelalter und Frühe Neuzeit (1409–1830/31). Von Enno Bünz, Detlef Döring, Manfred Rudersdorf, Leipzig 2009, Bd. 2–3 (in Druckvorbereitung, erscheinen 2010), Bd. 4: Fakultäten, Institute, Zentrale Einrichtungen, hrsg. von Ulrich von Hehl, Uwe John und Manfred Rudersdorf, Bd. 5: Geschichte der Leipziger Universitätsbauten im urbanen Kontext. Unter Mitwirkung von Uwe John hrsg. von Michaela Marek und Thomas Topfstedt, Leipzig 2009.

Gess, Felician: Leipzig und Wittenberg. Ein Beitrag zur sächsischen Reformationsgeschichte, in: Neues Archiv für sächsische Geschichte 16 (1895), S. 43–93.

Glafey, Adam Friedrich: Kern der Geschichte des Hohen Chur- und Fürstlichen Hauses zu Sachsen …, Frankfurt/ Leipzig 1737.

Graber, Tom: Ein Spurium auf Papst Gregor X. für das Zisterzienserinnenkloster zu Leipzig (1274 Juni 22), in: Diplomatische Forschungen in Mitteldeutschland, hrsg. von Tom Graber (Schriften zur sächsischen Geschichte und Volkskunde, Bd. 12), Leipzig 2005, S. 89–143.

Graf, Theodor: Papst Urban VI. Untersuchungen über die römische Kurie während seines Pontifikates (1378–1389). Kapitel I bis III nebst Namenverzeichnis der Kurialen, Diss. Berlin 1916.

Gramsch, Robert: Erfurter Juristen im Spätmittelalter. Die Karrieremuster und Tätigkeitsfelder einer gelehrten Elite des 14. und 15. Jahrhunderts (Education and Society in the Middle Ages and Renaissance, Bd. 17), Leiden 2003.

Graus, František: Die Nationenbildung der Westslawen im Mittelalter (Nationes, Bd. 3), Sigmaringen 1980.

Große, Karl: Geschichte der Stadt Leipzig von der ältesten bis auf die neueste Zeit, Bd. 1, Leipzig 1839.

Haller, Johannes: Die Anfänge der Universität Tübingen 1477–1537. Zur Feier des 450jährigen Bestehens der Universität im Auftrag ihres Grossen Senats dargestellt, Bd. 1–2, Stuttgart 1927–1929.

Haller, J[ohannes]: Die Ausfertigung der Provisionen. Ein Beitrag zur Diplomatik der Papsturkunden des 14. und 15. Jahrhunderts, in: Quellen und Forschungen aus italienischen Archiven und Bibliotheken 2 (1899), S. 1–40.

Hammerstein, Notker: Bildung und Wissenschaft vom 15. bis zum 17. Jahrhundert (Enzyklopädie deutscher Geschichte, Bd. 64), München 2003.

Hayez, Michel: Brogny, Jean de, in: Lexikon des Mittelalters, Bd. 2, Stuttgart/Weimar 1999, Sp. 709–710.

Helbig, Herbert: Die Reformation der Universität Leipzig im 16. Jahrhundert (Schriften des Vereins für Reformationsgeschichte, Bd. 171), Gütersloh 1953.

Helbig, Herbert: Universität Leipzig (Mitteldeutsche Hochschulen, Bd. 2), Frankfurt am Main 1961.

Helssig, Rudolf: Die wissenschaftlichen Vorbedingungen für Baccalaureat in Artibus und Magisterium im ersten Jahrhundert der Universität Leipzig, in: Beiträge zur Geschichte der Universität Leipzig im fünfzehnten Jahrhundert. Zur Feier des 500jährigen Jubiläums der Universität, Leipzig 1909, S. 1–93.

Herde, Peter: Audientia litterarum contradictarum. Untersuchungen über die päpstlichen Justizbriefe und die päpstliche Delegationsgerichtsbarkeit vom 13. bis zum Beginn des 16. Jahrhunderts, T. I/II (Bibliothek des Deutschen Historischen Instituts in Rom, Bd. 31/32), Tübingen 1970.

Herrle, Theo: Reden bei der Erwerbung der akademischen Grade im 15. Jahrhundert in Leipzig, in: Neues Archiv für sächsische Geschichte 42 (1921), S. 227–241.

Hesse, Christian: Amtsträger der Fürsten im spätmittelalterlichen Reich. Die Funktionseliten der lokalen Verwaltung in Bayern-Landshut, Hessen, Sachsen und Württemberg 1350–1515 (Schriftenreihe der Historischen Kommission bei der Bayerischen Akademie der Wissenschaften, Bd. 70), Göttingen 2005.

Hesse, Christian: Repertorium Academicum Germanicum. Sozial- und Wirkungsgeschichte spätmittelalterlicher Gelehrter im Reich. Ein Forschungsprojekt zur Geschichte des Wissens, in: Stadt und Prosopographie. Zur quellenmäßigen Erforschung von Personen und sozialen Gruppen in der Stadt des späten Mittelalters und der frühen Neuzeit, hrsg. von Peter Csendes u. a. (Forschungen zur Geschichte der Städte und Märkte Österreichs, Bd. 6), Linz 2002, S. 109–116.

Hesse, Christian/Schwinges, Rainer Christoph, „Universitätsranking" und Gelehrtenmobilität im Mittelalter: das Repertorium Academicum Germanicum (RAG) auf dem Weg zu den personalen Grundlagen der Wissensgesell-schaft, in: Akademie Aktuell. Zeitschrift der bayerischen Akademie der Wissenschaften (2008) H. 2, S. 15–18.

Hofmann, W[alther] v[on]: Forschungen zur Geschichte der kurialen Behörden vom Schisma bis zur Reformation, Bd. I/II (Bibliothek des Kgl. Preussischen Historischen Instituts in Rom, Bd. XII–XIII), Rom 1914.

Hoogeweg, H. (Bearb.): Urkundenbuch des Hochstifts Hildesheim und seiner Bischöfe, T. V: 1341–1370 (Quellen und Darstellungen zur Geschichte Niedersachsens, Bd. 24), Hannover/Leipzig 1907.

Horn, Friedrich der Streitbare = Horn, Johann Gottlob: Lebens- und Helden-Geschichte des glorwürdigsten Fürsten und Herren, Herrn Friedrichs des Streitbaren, weyland Landgrafens in Thüringen und Marggrafens zu Meissen …, Leipzig 1733.

Hoyer, Siegfried: Der Auszug der deutschen Studenten aus Prag und die Gründung der Universität Leipzig, Phil. Diss. (masch.) Leipzig 1960.

Hoyer, Siegfried: Die Gründung der Leipziger Universität und Probleme ihrer Frühgeschichte, in: Karl-Marx-Universität Leipzig 1409–1959. Beiträge zur Universitätsgeschichte, Bd. I, Leipzig 1959, S. 1–33.

Hoyer, Siegfried: Die Gründung einer Universität in Leipzig 1409, in: Leipzig. Aus Vergangenheit und Gegenwart. Beiträge zur Stadtgeschichte 3 (1984), S. 77–93.

Hoyer, Siegfried: Die scholastische Universität bis 1480, in: Alma mater Lipsiensis. Geschichte der Karl-Marx-Universität Leipzig, hrsg. von Lothar Rathmann, Leipzig 1984, S. 9–32.

Hübner, Christian: Fridericus Bellicosus Academiae Lipsiensis ante hos trecentos annos fundator historice descriptus …, Halle 1709.

Immenhauser, Beat: Bildungswege – Lebenswege. Universitätsbesucher aus dem Bistum Konstanz im 15. und 16. Jahrhundert (Veröffentlichungen der Gesellschaft für Universitäts- und Wissenschaftsgeschichte, Bd. 8), Basel 2007.

Die Inschriften der Stadt Zeitz. Gesammelt und bearb. von Martina Voigt unter Verwendung von Vorarbeiten von Ernst Schubert (Die Deutschen Inschriften, Bd. 52 = Berliner Reihe, Bd. 7), Berlin/Wiesbaden 2001.

Irrgang, Stephanie: Scholar vagus, goliardus, ioculator. Zur Rezeption des „fahrenden Scholaren" im Mittelalter, in: Jahrbuch für Universitätsgeschichte 6 (2003), S. 51–68.

Jansen, Max: Zum päpstlichen Urkunden- und Taxwesen um die Wende des 14. und 15. Jahrhunderts, in: Festgabe Karl Theodor von Heigel zur Vollendung seines sechzigsten Lebensjahres, gewidmet von Th. Bitterauf u. a., München 1903, S. 146–159.

Katterbach, Bruno: Inventario dei registri delle supliche, Città del Vaticano 1932.

Kavka, František/Petráň, Josef (Hgg.): A history of Charles University, Bd. 1: 1348–1802, Prag 2001.

Kintzinger, Martin: Das Studium in Paris und Bologna. Ein Aufbruch zur Wissensgesellschaft?, in: Aufbruch in die Gotik. Der Magdeburger Dom und die späte Stauferzeit, Bd. 1: Essays, hrsg. von Matthias Puhle, Mainz 2009, S. 291–299.

Kintzinger, Martin: Wissen wird Macht. Bildung im Mittelalter, Ostfildern 2003.

Kirn, Otto: Die Leipziger Theologische Fakultät in fünf Jahrhunderten (Festschrift zur Feier des 500jährigen Bestehens der Universität Leipzig, Bd. 1), Leipzig 1909.

Kleineidam, Erich: Universitas Studii Erffordensis. Überblick über die Geschichte der Universität Erfurt, T. I: Spätmittelalter 1392–1460 (Erfurter Theologische Studien, Bd. 14), Leipzig ²1985.

Kochendörffer, H.: Päpstliche Kurialen während des grossen Schismas, in: Neues Archiv der Gesellschaft für ältere deutsche Geschichtskunde 30 (1905), S. 549–601.

Koller, Heinrich: Universitätsgründungen des 14. Jahrhunderts. Antrittsvorlesung (Salzburger Universitätsreden, H. 10), Salzburg u. a. 1966.

Konrad von Megenberg (1309–1374) und sein Werk. Das Wissen der Zeit, hrsg. von Claudia Märtl, Gisela Drossbach und Martin Kintzinger (Zeitschrift für Bayerische Landesgeschichte, Beihefte, Reihe B, 31), München 2006.

Kötzschke, Rudolf: Die kulturgeschichtliche Stellung der Universität Leipzig. Betrachtungen auf Grund der zum Universitätsjubiläum 1909 erschienenen Schriften, in: Neues Archiv für sächsische Geschichte 31 (1910), S. 29–85.

Krause, Konrad: Alma mater Lipsiensis. Geschichte der Universität Leipzig von 1409 bis zur Gegenwart, Leipzig 2003.

Kreußler, Heinrich Gottlieb: Geschichte der Universität Leipzig von ihrem Ursprunge bis auf unsre Zeiten …, Dessau/Leipzig 1810.

Kusche, Beate: *Ego collegiatus*. Die Magisterkollegien an der Universität Leipzig von 1409 bis zur Einführung der Reformation 1539. Eine struktur- und personengeschichtliche Untersuchung, Bd. 1–2 (Beiträge zur Leipziger Universitäts- und Wissenschaftsgeschichte, Reihe A, Bd. 6), Leipzig 2009.

Kusche, Beate/Steinführer, Henning: Die Bauten der Universität Leipzig von 1409 bis zum Beginn des Dreißigjährigen Krieges, in: Geschichte der Universität Leipzig, Bd. 5, S. 11–50.

Lang, Thomas: Die Universität Leipzig, in: Mit Schwert und Kreuz zur Kurfürstenmacht, S. 88–97.

Lang, Thomas/Sobotta, Julia: Coburger Universitätsbesuche im Mittelalter (Schriftenreihe der Historischen Gesellschaft Coburg, Bd. 23), Coburg 2009.

Largiadèr, PU Schweiz I/II = Largiadèr, Anton: Die Papsturkunden der Schweiz von Innozenz III. bis Martin V. ohne Zürich. Ein Beitrag zum Censimentum Helveticum, T. I: Von Innozenz III. bis Benedikt XI. 1198 bis 1304, T. II: Von Klemens V. bis Martin V. 1305 bis 1418. Mit einem Anhang: Die Urkundenempfänger und ihre Archive, Zürich 1968/70.

Largiadèr, PU Zürich = Largiadèr, Anton: Die Papsturkunden des Staatsarchivs Zürich von Innozenz III. bis Martin V. Ein Beitrag zum Censimentum Helveticum, Zürich 1963.

Lehms, G. C.: Historische Beschreibung der weltberühmten Universität Leipzig …, Leipzig 1710.

Lenzenweger, Acta II–III = Acta Pataviensia Austriaca. Vatikanische Akten zur Geschichte des Bistums Passau und der Herzöge von Österreich (1342–1378), Bd. II: Innocenz VI. (1352–1362), hrsg. von Josef Lenzenweger unter Mitwirkung von Hermann Hold, Martin C. Mandlmayr und Gerhart Marckhgott, Bd. III: Urban V. (1362–1370), hrsg. von Josef Lenzenweger unter Mitwirkung von Martin C. Mandlmayr und Gerhart Marckhgott (Publikationen des Historischen Instituts beim Österreichischen Kulturinstitut in Rom, II. Abt.: Quellen, 4. Reihe: Acta Pataviensia Austriaca, Bd. II–III), Wien 1992/96.

Löhr, Gabriel M.: Die Dominikaner an der Leipziger Universität (Quellen und Forschungen zur Geschichte des Dominikanerordens in Deutschland, Bd. 30), Leipzig 1934 (ND Köln 2009).

Lorenz, Sönke: Erfurt – die älteste Hochschule Mitteleuropas?, in: Aspekte thüringisch-hessischer Geschichte, hrsg. von Michael Gockel, Marburg/Lahn 1992, S. 139–146.

Lorenz, Sönke: Das Erfurter „Studium generale artium" – Deutschlands älteste Hochschule, in: Erfurt 742–1992. Stadtgeschichte – Universitätsgeschichte, hrsg. von Ulman Weiß, Weimar 1992, S. 123–134.

Lorenz, Sönke: „Studium generale Erfordense". Zum Erfurter Schulleben im 13. und 14. Jahrhundert (Monographien zur Geschichte des Mittelalters, Bd. 34), Stuttgart 1989.

Lücke, Monika: Nikolaus Lubich, in: Die Bischöfe des Heiligen Römischen Reiches 1198 bis 1448. Ein biographisches Lexikon, hrsg. von Erwin Gatz unter Mitwirkung von Clemens Brodkorb, Berlin 2001, S. 437–438.

Ludewig, Io. Petrus a: Reliquiae manuscriptorum omnis aevi diplomatum ac monumentorum ineditorum adhuc …, Bd. 4, Frankfurt/Leipzig 1722.

Lünig, Johann Christian: Codex Augusteus, Oder Neuvermehrtes Corpus Juris Saxonici …, Bd. 1, Leipzig 1724.

Lünig, Reichs-Archiv, Bd. 14 = Lünig, Johann Christian: Des Teutschen Reichs-Archivs Partis specialis IV. und letzter Continuation II. Theil … [= Bd. 14 der gesamten Reihe], Leipzig 1714.

Lupprian, PU Freising = Lupprian, Karl-Ernst: Spätmittelalterliche Papsturkunden für Hochstift und Domkapitel von Freising, in: Hochstift Freising. Beiträge zur Besitzgeschichte, hrsg. von Hubert Glaser, München 1990, S. 129–145.

Machilek, Franz: Johannes Hoffmann aus Schweidnitz und die Hussiten, in: Archiv für schlesische Kirchengeschichte 26 (1968), S. 96–123.

M. Jana Husi korespondence a dokumenty, ed. Václav Novotný, Prag 1920.

Die Matrikel der Universität Heidelberg von 1386 bis 1662, bearb. und hrsg. von Gustav Toepke, Bd. 1: Von 1386 bis 1553, Heidelberg 1884.

May, Georg: Konservatoren, Konservatoren der Universitäten und Konservatoren der Universität Erfurt im hohen und späten Mittelalter, in: Zeitschrift der Savigny-Stiftung für Rechtsgeschichte, Kanonistische Abteilung 80 (1994), S. 99–248.

Menzel, Josef Joachim: Johannes Hoffmann, in: Neue Deutsche Biographie, Bd. 9, Berlin 1972, S. 427.

Menzel, Josef Joachim: Johannes von Münsterberg, in: Neue Deutsche Biographie, Bd. 10, Berlin 1974, S. 562.

Metryka Uniwersytetu Krakowskiego z lat 1400–1508. Biblioteka Jagiellońska rkp. 258. Wyd. Antoni Gąsiorowski u. a., Bd. 1–2, Krakau 2004.

Meuthen, Erich: Die alte Universität (Kölner Universitätsgeschichte, Bd. 1), Köln/Wien 1988.

Meyhöfer, Max: Die kaiserlichen Stiftungsprivilegien für Universitäten, in: Archiv für Urkundenforschung 4 (1912), S. 291–418.

Mingroot, Erik van: Sapientie immarcessibilis. A Diplomatic and Comparative Study of the Bull of Foundation of the University of Louvain (December 9, 1425) … (Mediaevalia Lovaniensia, Series I, Studia XXV), Leuven 1994.

Miscellanea Saxonica …, T. 10, Dresden 1776.

Mit Schwert und Kreuz zur Kurfürstenmacht. Friedrich der Streitbare, Markgraf von Meißen und Kurfürst von Sachsen (1370–1428). Hrsg. von Jutta Charlotte von Bloh, Dirk Syndram und Brigitte Streich, München/Berlin 2007.

Moraw, Peter: Aspekte und Dimensionen älterer deutscher Universitätsgeschichte, in: Academia Gissensis. Beiträge zur älteren Gießener Universitätsgeschichte, hrsg. von Peter Moraw und Volker Press (Veröffentlichungen der Historischen Kommission für Hessen, Bd. 45), Marburg 1982, S. 1–43; wiederabgedruckt in: Ders., Gesammelte Beiträge zur Deutschen und Europäischen Universitätsgeschichte, S. 3–54.

Moraw, Peter: Gesammelte Beiträge zur Deutschen und Europäischen Universitätsgeschichte. Strukturen – Personen – Entwicklungen (Education and Society in the Middle Ages and Renaissance, vol. 31), Leiden u. a. 2008.

Moraw, Peter: Von der Universität Köln im Mittelalter und in der frühen Neuzeit (Besprechung von Erich Meuthen, Die alte Universität […]), in: Göttingische Gelehrte Anzeigen 243 (1991), S. 239–245.

Müller, Rainer A.: Genese, Methoden und Tendenzen der allgemeinen deutschen Universitätsgeschichte. Zur Entwicklung einer historischen Spezialdisziplin, in: Mensch – Wissenschaft – Magie. Mitteilungen der Österreichischen Gesellschaft für Wissenschaftsgeschichte 20 (2000), S. 181–202.

Müller, Rainer A.: Geschichte der Universität. Von der mittelalterlichen Universitas zur deutschen Hochschule, München 1990.

Müller, Winfried: Erinnern an die Gründung. Universitätsjubiläen, Universitätsgeschichte und die Entstehung der Jubiläumskultur in der frühen Neuzeit, in: Berichte zur Wissenschaftsgeschichte 21 (1998), S. 79–102.

Müller, Winfried: Das historische Jubiläum. Zur Geschichtlichkeit einer Zeitkonstruktion, in: Das historische Jubiläum. Genese, Ordnungsleistung und Inszenierungsgeschichte eines institutionellen Mechanismus. In Verbindung mit Wolfgang Flügel, Iris Loosen und Ulrich Rosseaux hrsg. von Winfried Müller, Münster 2004, S. 1–75.

MVB = Monumenta Vaticana res gestas Bohemicas illustrantia:
–   Bd. I: Acta Clementis VI. pontificis Romani 1342–1352, ed. Ladislaus Klicman, Prag 1903.
–   Bd. V: Acta Urbani VI. et Bonifatii IX. 1378–1404, T. 1: 1378–1396, T. 2: 1397–1404, ed. Camillus Krofta, Prag 1903/05.
–   [Bd. VI:] Acta Innocentii VII., Gregorii XII., Alexandri V., Johannis XXIII. nec non acta concilii Constantiensis 1404–1417. Acta Clementis VII. et Benedicti XIII. 1378–1417, T. 1/2, ed. Jaroslav Eršil (Acta summorum pontificum res gestas Bohemicas aevi praehussitici et hussitici illustrantia, T. 1/2), Prag 1980.
–   Bd. VII: Acta Martini V. pontificis Romani 1417–1431, T. 1: 1417–1422, T. 2: 1423–1431, T. 3: Index personarum et locorum, ed. Jaroslav Eršil (Acta summorum pontificum res gestas Bohemicas aevi praehussitici et hussitici illustrantia, T. 3–5), Prag 1996–2001.

Nyberg, Tore: Der Geschäftsgang bei der Ausfertigung der Gründungsdokumente des Birgittenklosters Altomünster durch die römische Kurie, in: Archivum Historiae Pontificiae 9 (1971), S. 209–248.

Ottenthal, E[mil] von (Hrsg.): Regulae cancellariae apostolicae. Die päpstlichen Kanzleiregeln von Johannes XXII. bis Nicolaus V., Innsbruck 1888.

Paulhart, PU Oberösterreich = Paulhart, Herbert: Papsturkunden in Oberösterreich. Originale spätmittelalterlicher Papsturkunden in oberösterreichischen Archiven aus der Zeit 1198–1417, in: Mitteilungen des Oberösterreichischen Landesarchivs 8 (1964), S. 160–172.

Posse, Otto: Die Wettiner. Genealogie des Gesammthauses Wettin Ernestinischer und Albertinischer Linie mit Einschluss der regierenden Häuser von Grossbritannien, Belgien, Portugal und Bulgarien, Leipzig/Berlin 1897 (ND Leipzig 1994: mit Berichtigungen und Ergänzungen der Stammtafeln bis 1993 von Manfred Kobuch).

Die Professoren und Dozenten der Theologischen Fakultät der Universität Leipzig von 1409 bis 2009, hrsg. von Markus Hein und Helmar Junghans unter Mitarbeit von Alexander Bartmuß u. a. (Beiträge zur Leipziger Universitäts- und Wissenschaftsgeschichte, Reihe A, Bd. 8), Leipzig 2009.

Rabikauskas, Paulus: Diplomatica pontificia …, Rom [5]1994.

Rashdall, Hastings: The Universities of Europe in the Middle Ages, vol. 1: Salerno, Bologna, Paris, vol. 2: Italy, Spain, France, Germany, Scotland etc., vol. 3: English Universities – Student Life, ed. by F. M. Powicke/A. B. Emden, Oxford [2]1936 (ND 1964).

Rechenberg, Karl Otto: De advocatis et advocatiis Germanicis …, Leipzig 1743.

Rexroth, Frank: Die Weisheit und ihre 17 Häuser. Universitäten und Gelehrte im spätmittelalterlichen Reich, in: Heiliges Römisches Reich Deutscher Nation 962 bis 1806. Von Otto dem Großen bis zum Ausgang des Mittelalters. Essays, hrsg. von Matthias Puhle und Claus-Peter Hasse, Dresden 2006, S. 425–437.

RG = Repertorium Germanicum. Verzeichnis der in den päpstlichen Registern und Kameralakten vorkommenden Personen, Kirchen und Orte des Deutschen Reiches, seiner Diözesen und Territorien vom Beginn des Schismas bis zur Reformation:
- Bd. II: Urban VI., Bonifaz IX., Innocenz VII. und Gregor XII. 1378–1415, Teilbd. 1–3, bearb. von Gerd Tellenbach, Berlin 1933/61 (Teilbd. 1/2: ND Hildesheim 2000).
- Bd. III: Alexander V., Johann XXIII., Konstanzer Konzil 1409–1417, bearb. von Ulrich Kühne, Berlin 1935 (ND Hildesheim 1991).
- Bd. IV: Martin V. 1417–1431, Teilbd. 1–3, bearb. von Karl August Fink, Berlin 1943/58 (ND Hildesheim 1991–2000); [Teilbd. 4:] Personenregister, bearb. von Sabine Weiss, Tübingen 1979.

Ritter, Gerhard: Die Heidelberger Universität im Mittelalter (1386–1508). Ein Stück deutscher Geschichte, Heidelberg 1936 (ND 1986).

Rudersdorf, Manfred: Weichenstellung für die Neuzeit. Die Universität Leipzig zwischen Reformation und Dreißigjährigem Krieg 1539–1648/60, in: Geschichte der Universität Leipzig, Bd. 1, S. 327–515.

SB I–IV = Schedario Baumgarten. Descrizione diplomatica di bolle e brevi originali da Innocenzo III a Pio IX. Riproduzione anastatica ... a cura di Giulio Battelli – Sergio Pagano, Bd. I–IV, Città del Vaticano 1965/86.

Schmidt, Kanzleivermerke = Schmidt, Roderich: Die Kanzleivermerke auf der Stiftungsbulle für die Universität Rostock vom Jahre 1419, in: Archiv für Diplomatik, Schriftgeschichte, Siegel- und Wappenkunde 21 (1975), S. 432–449.

Schmidt, PU Baden-Württemberg I/II = Schmidt, Tilmann: Die Originale der Papsturkunden in Baden-Württemberg 1198–1417, T. I/II (Index actorum Romanorum pontificum ab Innocentio III ad Martinum V electum, Bd. VI/1–2), Città del Vaticano 1993.

Schmidt, PU Norddeutschland = Schmidt, Tilmann: Die Originale der Papsturkunden in Norddeutschland (Bremen, Hamburg, Mecklenburg-Vorpommern, Schleswig-Holstein) 1199–1415 (Index actorum Romanorum pontificum ab Innocentio III ad Martinum V electum, Bd. VII), Città del Vaticano 2003.

Schmidt, Aloys/Heimpel, Hermann: Winand von Steeg (1371–1453), ein mittelrheinischer Gelehrter und Künstler und die Bilderhandschrift über Zollfreiheit des Bacharacher Pfarrweins auf dem Rhein aus dem Jahr 1426 (Handschrift 12 des Bayerischen Geheimen Hausarchivs zu München) (Bayerische Akademie der Wissenschaften. Philosophisch-Historische Klasse. Abhandlungen, Neue Folge, H. 81), München 1977.

Schmieder, I. (Bearb.): Quellen zur sächsischen Geschichte nebst Bürgerkunde und Abriß der sächsischen Geschichte, Leipzig ²1927.

Schmitz-Kallenberg, Papsturkunden = Schmitz-Kallenberg, L[udwig]: Die Lehre von den Papsturkunden, in: R. Thommen/L. Schmitz-Kallenberg, Urkundenlehre, T. I/II (Grundriß der Geschichtswissenschaft ..., hrsg. von Aloys Meister, Bd. I, Abt. 2), Leipzig/Berlin ²1913, S. 56–116.

Schmitz-Kallenberg, Practica = Practica cancellariae apostolicae saeculi XV. exeuntis. Ein Handbuch für den Verkehr mit der päpstlichen Kanzlei, hrsg. von Ludwig Schmitz-Kallenberg, Münster (Westf.) 1904.

Schmutz: Jürg: Juristen für das Reich. Die deutschen Rechtsstudenten an der Universität Bologna 1265–1425, Bd. 1–2 (Veröffentlichungen der Gesellschaft für Universitäts- und Wissenschaftsgeschichte, Bd. 2), Basel 2000.

Schneider, Zacharias: Chronicon Lipsiense, Das ist: Gemeine Beschreibung der Churfürstlichen Sächsischen Gewerb- und Handels Stadt Leipzig ..., Leipzig 1655.

Schöttgen, Christian: Inventarium diplomaticum historiae Saxoniae superioris. Das ist Verzeichnis derer Uhrkunden der Historie von Ober-Sachsen ... von a. 500 bis 1741 ..., Halle 1747.

Schöttgen, Christian/Kreysig, George Christoph: Diplomataria et scriptores historiae Germanicae medii aevi ..., Bd. II, Altenburg 1755.

Schriften Dr. Melchiors von Osse. Mit einem Lebensabriss und einem Anhange von Briefen und Akten, hrsg. von Oswald Artur Hecker (Schriften der Sächsischen Kommission für Geschichte, Bd. 26), Leipzig u. a. 1922.

Schubert, Ernst: Motive und Probleme deutscher Universitätsgründungen des 15. Jahrhunderts, in: Beiträge zu Problemen deutscher Universitätsgründungen der frühen Neuzeit, hrsg. von Peter Baumgart und Notker Hammerstein (Wolfenbütteler Forschungen, Bd. 4), Nendeln/Liechtenstein 1978, S. 13–74.

Schuchard, Christiane: Die Deutschen an der päpstlichen Kurie im späten Mittelalter (1378–1447) (Bibliothek des Deutschen Historischen Instituts in Rom, Bd. 65), Tübingen 1987.

Schumann, Sabine: Die „nationes" an den Universitäten Prag, Leipzig und Wien. Ein Beitrag zur älteren Universitätsgeschichte, Phil. Diss. Freie Universität Berlin 1975.

Schwarz, PU Niedersachsen = Schwarz, Brigide: Die Originale von Papsturkunden in Niedersachsen 1199–1417 (Index actorum Romanorum pontificum ab Innocentio III ad Martinum V electum, Bd. IV), Città del Vaticano 1988.

Schwarz, Schreiberkollegien = Schwarz, Brigide: Die Organisation kurialer Schreiberkollegien von ihrer Entstehung bis zur Mitte des 15. Jahrhunderts (Bibliothek des Deutschen Historischen Instituts in Rom, Bd. 37), Tübingen 1972.

Schwennicke, Detlev: Europäische Stammtafeln, Neue Folge, Bd. I/1: Die fränkischen Könige und die Könige und Kaiser, Stammesherzoge, Kurfürsten, Markgrafen und Herzoge des Heiligen Römischen Reiches Deutscher Nation, Frankfurt/Main ²2005.

Schwinges, Rainer Christoph: Acta Promotionum I. Die Promotionsdokumente europäischer Universitäten des späten Mittelalters, in: Examen, Titel, Promotionen. Akademisches und Staatliches Qualifikationswesen vom 13. bis zum 20. Jahrhundert, hrsg. von Rainer Christoph Schwinges (Veröffentlichungen der Gesellschaft für Universitäts- und Wissenschaftsgeschichte, Bd. 7), Basel 2007, S. 213–228.

Schwinges, Rainer Christoph: Deutsche Universitätsbesucher im 14. und 15. Jahrhundert. Studien zur Sozial-

geschichte des Alten Reiches (Veröffentlichungen des Instituts für Europäische Geschichte Mainz, Abteilung Universalgeschichte, Bd. 123 = Beiträge zur Sozial- und Verfassungsgeschichte des Alten Reiches, Bd. 6), Stuttgart 1986.

Schwinges, Rainer Christoph: Resultate und Stand der Universitätsgeschichte des Mittelalters vornehmlich im deutschen Sprachraum. Einige gänzlich subjektive Bemerkungen, in: Mensch – Wissenschaft – Magie. Mitteilungen der Österreichischen Gesellschaft für Wissenschaftsgeschichte 20 (2000), S. 97–119; wiederabgedruckt in: Ders., Studenten und Gelehrte, S. 57–84.

Schwinges, Rainer Christoph: Studenten und Gelehrte. Studien zur Sozial- und Kulturgeschichte deutscher Universitäten im Mittelalter (Education and Society in the Middle Ages and Renaissance, vol. 32), Leiden u. a. 2008.

Schwinges, Rainer Christoph/Wriedt, Klaus (Hgg.): Das Bakkalarenregister der Artistenfakultät der Universität Erfurt 1392–1521 (Registrum baccalariorum de facultate arcium universitatis studii Erffordensis existencium). Unter Mitarbeit von Roland Gerber u. a. (Bern), Petra Haarmeier u. a. (Osnabrück) (Veröffentlichungen der Historischen Kommission für Thüringen. Große Reihe, Bd. 3), Jena/Stuttgart 1995.

600 Jahre Universität Leipzig. Aus Tradition Grenzen überschreiten. 600 Years of Leipzig University. A Tradition of Crossing Boundaries, Leipzig 2009.

Seibt, Ferdinand: Von Prag bis Rostock. Zur Gründung der Universitäten in Mitteleuropa, in: Festschrift für Walter Schlesinger, hrsg. von Helmut Beumann, Bd. 1, Köln/Wien 1973, S. 406–436; wiederabgedruckt in: Ferdinand Seibt, Mittelalter und Gegenwart. Ausgewählte Aufsätze. Festgabe zu seinem 60. Geburtstag, hrsg. von Winfried Eberhard und Heinz-Dieter Heimann, Sigmaringen 1987, S. 197–217.

Seifert, Arno: Die Universitätskollegien – eine historisch-typologische Übersicht, in: Stiftungen aus Vergangenheit und Gegenwart, hrsg. von Fritz Rüth u. a. (Lebensbilder deutscher Stiftungen, Bd. 3), Tübingen 1974, S. 355–372.

Šmahel, František: Doplňky k dějinám mistrovských kolejí pražské univerzity do roku 1420 [Ergänzungen zur Geschichte der Magisterkollegien der Prager Universität bis 1420], in: Historia Universitatis Carolinae Pragensis = Acta Universitatis Carolinae 33–34 (2007) fasc. 1–2, S. 13–43.

Šmahel, František: Die Hussitische Revolution. Aus dem Tschechischen übersetzt von Thomas Krzenck. Redaktion Alexander Patschovsky, Bd. 1–3 (Monumenta Germaniae Historica. Schriften, Bd. 43), Hannover 2002.

Šmahel, František: Die Prager Universität im Mittelalter. Gesammelte Aufsätze. The Charles University in the Middle Ages. Selected Studies (Education and society in the Middle Ages and Renaissance, vol. 28), Leiden u. a. 2007.

Šmahel, František: Pražské univerzitní studentstvo v předrevolučním období 1399–1419. Statistickosociologická studie [Die Studentenschaft der Prager Universität vor der Hussitischen Revolution. Eine statistisch-soziologische Studie] (Rozpravy Československé Akademie věd. Rada společenských věd 77, 3), Prag 1967.

Šmahel, František/Nodl, Martin: Kutnohorský dekret po 600 letech. Bilance dosavadního bádání [Six Hundred Years on from The Kutná Hora Decree. Survey of Research to Date], in: Český časopis historický 107 (2009), S. 1–45.

Stanislaw-Kemenah, Alexandra-Kathrin: Kirche, geistliches Leben und Schulwesen im Spätmittelalter, in: Geschichte der Stadt Dresden, Bd. 1: Von den Anfängen bis zum Ende des Dreißigjährigen Krieges, hrsg. von Karlheinz Blaschke unter Mitwirkung von Uwe John, Stuttgart 2005, S. 198–246.

Statuta universitatis Pragensis, ed. Anton Dittrich und Anton Spirk (Monumenta historica universitatis Pragensis, tomus 3), Prag 1848.

Steenberghen, Fernand van: Die Philosophie im 13. Jahrhundert, hrsg. von Max. A. Roesle, München u. a. 1977.

Steinmetz, Max: Die Universität Leipzig und der Humanismus, in: Alma mater Lipsiensis. Geschichte der Karl-Marx-Universität Leipzig, hrsg. von Lothar Rathmann, Leipzig 1984, S. 33–54.

Stewing, Frank-Joachim: Vier studentische Belegzettel aus der Frühzeit der Leipziger Artistenfakultät, in: Neues Archiv für sächsische Geschichte 80 (2009), S. 67–103.

[Stieff, Christian:] Einleitung zur Historie des Chur-Fürstenthums Sachsen …, T. 1–4, Frankfurt/Leipzig 1714.

Sudhoff, Karl: Die medizinische Fakultät zu Leipzig im ersten Jahrhundert der Universität. Jubiläumsstudien (Studien zur Geschichte der Medizin, Bd. 8), Leipzig 1909.

Tangl, Kanzleiordnungen = Die päpstlichen Kanzleiordnungen von 1200–1500. Gesammelt und hrsg. von Michael Tangl, Innsbruck 1894.

Tangl, Taxwesen = Tangl, M[ichael]: Das Taxwesen der päpstlichen Kanzlei vom 13. bis zur Mitte des 15. Jahrhunderts, in: Mittheilungen des Instituts für Oesterreichische Geschichtsforschung 13 (1892), S. 1–106.

Tříška, Josef: Literární činnost předhusitské university [Fontes et commentationes litterarum, quae in universitate Pragensi praehussitica colebantur] (Sbírka pramenů a příruček k dějinám university Karlovy 5), Prag 1967.

Tříška, Josef: Repertorium biographicum Universitatis Pragensis praehussiticae 1348–1409. Zivotopisný slovník předhusitské prazské univerzity 1348–1409, Prag 1981.

Universität Leipzig, hrsg. vom Rektor der Universität Leipzig, Leipzig [1992].

Die Universität Leipzig 1409–1909. Gedenkblätter zum 30. Juli 1909, Leipzig 1909.

Universitäten, Landesherren und Landeskirchen: Das Kuttenberger Dekret im Kontext der Epoche von der Gründung der Karlsuniversität 1348 bis zum Augsburger Religionsfrieden 1555, hrsg. von Petr Svobodny, Jiří Pešek und Blanka Zilynská (Historia Universitatis Carolinae Pragensis = Acta Universitatis Carolinae, im Druck).

Universitätsgeschichte als Landesgeschichte. Die Universität Leipzig in ihren territorialgeschichtlichen Bezügen. Tagung der Historischen Kommission der Sächsischen Akademie der Wissenschaften zu Leipzig vom 7. bis 9. Oktober 2004, hrsg. von Detlef Döring (Beiträge zur Leipziger Universitäts- und Wissenschaftsgeschichte, Reihe A, Bd. 4), Leipzig 2007.

Vincke, Johannes (Hg.): Briefe zum Pisaner Konzil (Beiträge zur Kirchen- und Rechtsgeschichte, Bd. 1), Bonn 1940.

VL 1–14 = Die deutsche Literatur des Mittelalters. Verfasserlexikon. 2., völlig neu bearb. Auflage, hrsg. von Kurt Ruh u. a., Bd. 1–14, Berlin u. a. 1978–2008

Vogtherr, Thomas: Die Kanzler der Wettiner (um 1350–1485). Bemerkungen zur ihrer Auswahl, ihrer Tätigkeit und ihren Karrieren, in: Diplomatische Forschungen in Mitteldeutschland, hrsg. von Tom Graber (Schriften zur sächsischen Geschichte und Volkskunde, Bd. 12), Leipzig 2005, S. 185–195.

Vom Großen Löwenhof zur Universität. Würzburg und die deutsche Literatur im Spätmittelalter. Ausstellung im Martin-von-Wagner-Museum der Universität Würzburg, Südflügel der Fürstbischöflichen Residenz, 9. Oktober–15. Dezember 2002, hrsg. von Horst Brunner, Wiesbaden 2002.

Wagner, Wolfgang Eric: Universitätsstift und Kollegium in Prag, Wien und Heidelberg. Eine vergleichende Untersuchung spätmittelalterlicher Stiftungen im Spannungsfeld von Herrschaft und Genossenschaft (Europa im Mittelalter, Bd. 2), Berlin 1999.

Wartmann, Hermann (Bearb.): Urkundenbuch der Abtei Sanct Gallen, T. IV (Jar [sic!] 1360–1411), St. Gallen 1899.

Weber, Christoph Friedrich: *Ces grands privilèges*: The Symbolic Use of Written Documents in the Foundation and Institutionalization Processes of Medieval Universities, in: History of Universities 19/1 (2004), S. 12–62.

Weber, Wolfgang E. J.: Geschichte der europäischen Universität (Urban-Taschenbücher, Bd. 476), Stuttgart 2002.

Weissenborn, J. C. Hermann (Bearb.): Acten der Erfurter Universitaet, T. I (Geschichtsquellen der Provinz Sachsen und angrenzender Gebiete, Bd. 8/I), Halle 1881.

Wießner, Heinz: Das Bistum Naumburg, Bd. 1, 1–2: Die Diözese. Unter Verwendung von Vorarbeiten von Ernst Devrient (†) (Germania Sacra, Neue Folge, Bd. 35, 1–2 = Die Bistümer der Kirchenprovinz Magdeburg. Das Bistum Naumburg, Bd. 1, 1–2), Berlin u. a. 1997–1998.

Wilmans, R[oger]: Regesta episcoporum Merseburgensium 968–1514, in: Archiv der Gesellschaft für ältere deutsche Geschichtskunde 11 (1858), S. 146–211.

Zaisberger, Friederike: Kanzleivermerke auf Papsturkunden zwischen (1139) 1198 und 1415 in Salzburg, Tirol und Vorarlberg, in: Mitteilungen der Gesellschaft für Salzburger Landeskunde 135 (1995), S. 407–454.

Zarncke, Statutenbücher = Zarncke, Friedrich (Hg.): Die Statutenbücher der Universität Leipzig aus den ersten 150 Jahren ihres Bestehens …, Leipzig 1861.

Zarncke, Urkunden = Zarncke, Fr[iedrich]: Die beiden ältesten Urkunden unserer Universität, in: Wissenschaftliche Beilage der Leipziger Zeitung, Nr. 92, 14. November 1869, S. 483–485.

Zarncke, Urkundl. Quellen = Zarncke, Friedrich: Die urkundlichen Quellen zur Geschichte der Universität Leipzig in den ersten 150 Jahren ihres Bestehens, in: Abhandlungen der Königlich Sächsischen Gesellschaft der Wissenschaften, Bd. 3 = Abhandlungen der philologisch-historischen Classe der Königlich Sächsischen Gesellschaft der Wissenschaften, Bd. 2, Leipzig 1857, S. 509–922.

Zarotti, Giacomo: I documenti pontifici dell'Archivio Capitolare di Parma (1141–1417), Mailand 1960.

Zöllner, PU Magdeburg I = Zöllner, Walter: Die Papsturkunden des Staatsarchivs Magdeburg von Innozenz III. bis zu Martin V., I. Erzstift Magdeburg (Wissenschaftliche Beiträge der Martin-Luther-Universität Halle-Wittenberg, 1966/13 C 3), Halle (Saale) 1966.

Zöllner, PU Magdeburg II = Zöllner, Walter: Die jüngeren Papsturkunden des Staatsarchivs Magdeburg. Bestände Halberstadt, Quedlinburg und übrige Gebiete (Studien zur katholischen Bistums- und Klostergeschichte, Bd. 23), Leipzig 1982.

Zutshi, P. N. R.: Original Papal letters in England 1305–1415 (Index actorum Romanorum pontificum ab Innocentio III ad Martinum V electum, Bd. V), Città del Vaticano 1990.

# Abbildungsnachweise

Città del Vaticano, Archivio Segreto Vaticano: Abb. 22–25.

Donath, Matthias: Abb. 13a–b, 18, 19.

Dresden, Sächsisches Staatsarchiv – Hauptstaatsarchiv: Abb. auf Umschlag, Abb. 21, 36.

Friedberg, Emil: Die Universität Leipzig in Vergangenheit und Gegenwart, Leipzig 1898: Abb. 17.

Leipzig, Universitätsarchiv: Abb. 1, 2, 7, 10, 11, 26-35.

Leipziger Universitätsbauten. Die Neubauten der Karl-Marx-Universität seit 1945 und die Geschichte der Universitätsgebäude, hrsg. von Heinz Füßler, Leipzig 1961: Abb. 16.

Meißen, Hochstift Meißen: Abb. 12.

München, Bayerisches Hauptstaatsarchiv: Abb. 3.

Münster, Universitätsarchiv: Abb. 6.

Prag, Universitätsarchiv: Abb. 9.

Zeitz, Stiftsbibliothek: Abb. 14, 20.